传记文学书系

[美]唐德刚 ◎ 著

历史的『三峡』

传记文学书系 编委会

主编
彭明哲　曾德明

编委
赖某深　龚　昊　蒋　浩
彭天仪　于向勇　秦　青

中国文史出版社

目录
c o n t e n t s

第一编　民国史探微

民初军阀"四圆四方"图解 ...002

"护国运动"的宏观认知与微观探索 ...023

论"西山会议派" ...033

政学系探源 ...044

第二编　闻人过眼录

梅兰芳传稿（上）...070

梅兰芳传稿（下）...088

胡适的历史地位与历史作用 ...109

胡适的大方向和小框框 ...125

陈立夫早年哥大口述回忆残稿钩沉 ...142

谦谦君子袁同礼 ...172

第三编 历史的"三峡"

当朝人不修当朝史,是非好坏皆身后事 ... 190

中国近代以来的外交学步与历史转型 ... 193

从"洋员"到"博士帮"

　　——记近代中国技术官僚的演变 ... 215

纪念恰和丝茶行的"浩官"

　　——英商"恰和洋行"的由来 ... 228

对人类未来科技战争的联想 ... 232

第一编　民国史探微

民初军阀"四圆四方"图解

在国外大学里教授中国近代、现代、当代史，其最难讲授的一段，我个人的经验，莫过于中华民国初年了。这一阶段的中国史是一段军阀混战史，而军阀又分"皖系""直系""奉系""桂系"和有实无名的"滇系""粤系"，另外还有无数其他的小集团、小派系。

各系军阀之外，帮凶文人还组织了一些政客的小集团，什么"安福系""研究系""交通系""政学系"等等；有的还挂着政党的招牌，从事政治活动。真是系类纷繁，莫衷一是。他们打起仗来，又是什么"护国""护法""直皖""直奉""定桂""援鄂"……；打仗的将军们，又有什么"绿林大学"毕业、"倒戈将军"出身等等……总之，一个历史学家要想把这文武各系的来龙去脉，抽丝剥茧，弄出个头绪，真是谈何容易。再要把这些错综复杂的故事，向你课室里一大群青年学生讲解清楚，那就更是难上加难了。你的学生如果再是对中国甚或东亚都一无所知的洋人，那几乎就不可能听得懂了。

在二十世纪五十年代中期，笔者尚在纽约哥伦比亚大学当研究生，美国东部十余家大学都开设了"现代中国"和"当代中国"一类的课程。选课的学生除"本科生""研究生"之外，还有一些"成人教育班"中的成人，以及大批的中学教员和公务员。因为那时的中学教育也受感染，中学课程中也不免要讲授些有关中国的课题。那些对中国毫无所知的公教人员，这时在学校和政府的特别资助之下，也临时抱佛脚，来搞点"恶补"，所谓"在职训练"也。他们之中很多人对毛泽东究竟姓毛还是姓东、蒋介石姓蒋还是姓石都搞不清楚。至于"北京大学"是私立（像哈佛和哥伦比亚一样），还是州立（像加州大学），那就更莫名其妙了。再谈起"国立"北京大学，这"国立"二字就更费解了。美国有啥"国立大学"呢？所以那时各大学和补习班，对"中国学"教师，真是需才孔急。

笔者这个"研究生"，那时在哥大所"研究"的原非"中国学"。因为感到打工自给的"蓝领工作"实在太辛苦，想找个"白领工作"轻松轻松，所以就经友人介绍，到纽约市立各学院的夜校，当起了"月光教师"，教起"中国现代史"来了。

教中国现代史的第一堂课便是"军阀史"。乖乖！皖系、直系、奉系、桂系……我从哪一"系"讲起呢？最初我讲得结结巴巴，学生也听得晕头转向。这宗"新媳妇上轿"的过程，岂是因为老师没经验，学生没底子哉？未必也。君不见纵迟至今日，一谈到军阀，有几个汉学大师不晕头转向呢？不信且去翻翻那本最近才出版的光彩辉煌的《剑桥中华民国史》便知道了。这部号称最具权威性的巨著，说起军阀来，还不是结结巴巴，不知所云。

"北洋军阀"这段历史的确是复杂，但是要说当老师的不管面对的是哪一种学生，讲起中国军阀来，都只能结结巴巴蒙混过去，吾不信也。既然吃这行饭，就得讲个清楚。试讲若干堂之后，我乃以幼年学习英文语法的办法，把这群最复杂的军人和政客的故事，来"表

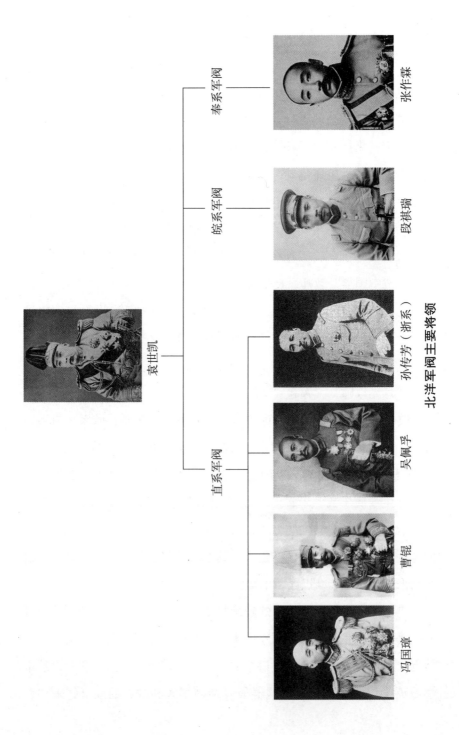

北洋军阀主要将领

袁世凯

奉系军阀 张作霖

皖系军阀 段祺瑞

直系军阀 孙传芳（浙系） 吴佩孚 曹锟 冯国璋

解”一番。这就是本篇拙作所想“浅介”的海外教学经验——两组“四圆”“四方”的图解了。

想不到这两组小图表——一组专讲“军阀混战”，一组专讲“政客乱政”——倒十分管用。讲课时把它们往黑板上一挂，然后教鞭所触，不特来自非拉两洲的大一新生，顽石点头，那些早有硕士、博士学位的恶补教师和商场律师们也大为称赏。后来在常春藤盟校研究院内的很多准博士和未来的大使、学人，也不禁鼓掌欢迎。因为这两组小图表，原是可简可繁，可浅可深的。其浅也，则一目了然，游鱼可数；其深也，那就卧龙藏蛟，没个潭底了。各种知识底子的学生可以各尽所能，各取所需，自得其乐而互不干扰也。个人一得之愚的小经验，对海内外的同行师生或不无参考的微效，因不揣浅薄，自珍敝帚，略事回译，聊博同文一粲。若不吝惠教，那就抛砖引玉了。

四个小圆圈之十二年大混战

什么叫作“四圆”呢？那便是以四个圆圈圈，把北洋军阀十多年的大混战表解一番。庶几能找出点头头绪来，对民国初年那一段混乱的内战，做点有系统的了解。

民国初年的北洋军阀大致只胡闹了十六年（自一九一二年四月到一九二八年五月）。这十六年大致又可划分成四大段，每段四年，而每一段又正好由一个或一系军阀当权。当然他们的政权都是枪杆子打出来的，而每一新政权的出现，都会在当时的中国政治地图上画出不同的层面。根据这些不同的层面，我们就可以用抽象的方法来加以图解了。

首先在"袁氏当国"这最初四年（一九一二——一九一六）里，虽然也是内战不停（"二次革命"和"护国战争"），外患加剧（"二十一条"），但在政治地图上至少还维持着"大一统"的局面，没有发生"一国两府"的现象。袁氏一死（一九一六年六月六日），中国就开始分裂了。

袁氏暴卒之翌年（一九一七）九月，孙中山先生忽然率领一部海军和八十名国会议员，在广州设立了一个军政府，与当时的北京政府分庭抗礼。接着他又领导并接济一批南方军阀，发动了对抗北京政府的"护法战争"。南北战争一起，统一的中国便一分为二，产生了两个中央政府。

因此，我们如把统一的中国图解成个大圆圈，则孙公所发动的"护法战争"，便把这个大圆圈一切两半了。（见"图一"）

这次"护法战争"前后打了十五个月，不但未打出什么结果，南北交战双方的阵营之内，反各自分裂：

北方军阀分成皖、直、奉三系，依次控制着北京政府。

南方军阀则分成粤、桂两系。桂系是纯广西籍的地方军阀和政客；粤系则是以陈炯明为首的广东军人，他们也多半是支持孙中山的国民党党员。这两系先后霸占着广州，掌握着南方的军政府。

南北军阀既已自行分裂，则全国性的护法战争反而停战了。其后南北两地军阀分别搞其窝里反，一南一北打起两造"区域内战"来。

北方军阀其时以"皖系"最强，它控制了首都北京。那较弱的两系——直系、奉系乃联合反皖。在一九二〇年（民国九年）七月，两系联合进攻，不出数日便把皖系打垮了。这一仗史家谓之"直皖战争"。（见"图二"上部）

南方军阀，"桂系"原占上风，他们霸占了广州的军政府。

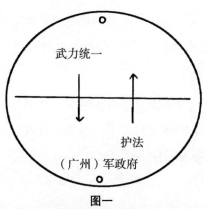

图一

护法战争 1917.9—1919.2

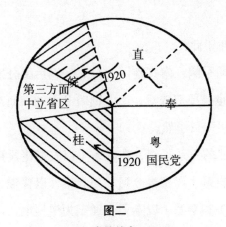

图二

（上）直皖战争 1920.7
（下）粤桂战争 1920.8

一九一八年五月竟然鹊巢鸠占，把大元帅孙中山也排挤出广州，孙只好流亡上海。桂系客军嚣张，粤人不服。在"粤人治粤"的口号之下乃发生了"粤桂之战"。一九二〇年八月，陈炯明率粤军自"漳州回师"，一举"收复"了广州，并乘胜攻入广西，竟然连广西省会南宁也给占领了。这记粤桂之争史家因而也叫它作"中山定桂之战"。（见"图二"下部）

无巧不成书！上述那个"直皖战争"和这个"粤桂战争"，虽然一北一南，却几乎同时开火，平行发展！因此看图（"图二"）不必识字，我们也就容易记住了。

平行内战，还有两次

巧事还不止于此！

这批好战的军阀，南打南、北打北，以后又分别打了两次内战。这两次战争，也是成双成对，南北同时开火的。面对图表，看图还是不必识字，也可一目了然。

原来，华北的三系军阀，在皖系（以安徽佬段祺瑞为首）被打垮之后，剩下的直系（以直隶今河北为老巢，以曹锟、吴佩孚为领袖，所谓"曹吴"）和奉系（以奉天今辽宁为根据地，以张作霖、张学良父子为领袖），又因分赃不匀，打了起来——是为"直奉战争"。这记"曹吴"与"奉张"之争，死伤好几万人。一共打了两仗：

"第一次直奉战争"爆发于一九二二（民国十一年）四月。战场延及长城内外及北京郊区。这次"曹吴"风头正健，而"奉张"准备不足。偷鸡不着蚀把米，入关未成，反被打得头破血流，退回沈阳

（原名奉天）。（见"图三"上部）

正当华北的"曹吴"对"奉张"在长城各口打得炮声隆隆之时，华南的粤系（刚打平两广的国民党）阵营之内也出了事——孙中山和陈炯明拔刀相见。孙陈失和始于一九二二年（民国十一年）四月。粤军因此放弃了广西地盘（新桂系李宗仁因此乘势而起），孙陈同时回据广州，到六月十六日便发生粤军炮打孙中山总统府的事变了。

在粤军枪炮声中，中山易服出走，几遭不测，而孙夫人宋庆龄受惊过剧，竟至当街小产（见《何香凝回忆录》）。这次广州事变的过程，不前不后，正与华北的第一次直奉战争同时发生，又是一记同时平行发展的"区域内战"。（见"图三"）

可是胜败原是兵家常事。这平行发展的两方内战中的胜利者，两年之后，又都变成了输家。

原来陈炯明既赶走孙公便独霸了广州，而广州却是当年华南（今日仍是如此）最"肥"的城市，为南中国大小军阀所垂涎。中山既失广州，国民党的主流派乃号召散居邻省并与国民党略有渊源的游离小军阀，入粤勤王。果然各路英雄闻风而起，一致冲向广州，如水之就下。陈炯明孤军不敌，终于一九二二年底败退东江。一九二三年二月，孙中山又重返广州执政，改原"总统府"为"大元帅府"，自任大元帅。夺回广州地盘之后，中山原是当年华南"统派"的领袖，不甘心雌伏于广东一省，乃信使四出，既要联络逐渐得势的"奉张"父子，也要争取皖系的残余势力，一致打倒贿选当政、盘踞北京的直系"曹吴"。所以孙中山先生在晚年率领一些大小军阀，不断地搞其"北伐"，和"奉张"父子率其奉军精锐，累次"入关"南下，二者并无太大的区别。事实上他们都是当年军阀混战中的主要成员。（见图三）

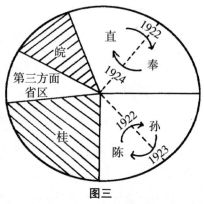

图三

（上）第一次直奉战争　1922.4
　　　第二次　　　　　 1924.10

（下）孙陈失和：陈叛孙 1922.4—8
　　　　　　　 中山返粤 1923.1—2

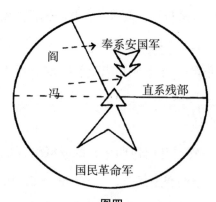

图四
国民革命军北伐 1926—1928

再者，"孙陈"之争最后中山转败为胜，卷土重来，其情况与张氏父子在"直奉战争"中，转败为胜，卷土重来，也是平行发展，一模一样的。

原来盘踞北京的直系军阀（曹、吴），在打败奉系之后，因胜而骄，终于演出一幕"曹锟贿选"当总统的丑剧（一九二三年），给奉系以卷土重来的机会。在全国各界一致支持之下，奉系的张氏父子于一九二四年九月再度率兵入关。直系"曹吴"全师迎击，这便是史书上的"第二次直奉战争"了。（见"图三"上部）

奉军此战不但秣马厉兵、志在必得，战前并以重金贿赂直军前敌将领，那位有名的"倒戈将军"冯玉祥。因此在两军激战正烈之时，冯氏忽然于长城前线"倒戈"，并于十月二十三日回师占领了北京，幽禁了曹锟总统。前线各路直军因之一败涂地。吴佩孚仅以身免，自海上逃往华南。自此华北和东北连成一气，长城内外九省三市（按：分别为辽、吉、黑、热、察、绥、直、鲁、豫九省及北京、天津、沈阳三市），就逐渐变成奉系军阀主宰的天下了。

民初的军阀混战发展至此，首先由合而分，接着再由分而合，便逐渐走向传统的套路，终至楚河汉界，刘项相争的局面。但是在两强对峙、你死我活之前，双方还得清理战场，整合内部，才能短兵相接，一决雌雄。为此奉张不惜恩威兼施，以达其整合华北之目的。一面以高位重金招降旧皖直两系之残余，以为己用；另一面则以武力驱逐依赖苏俄、日渐赤化之冯玉祥。

"奉张"的另一着棋便是向广州的中山先生示好，也邀请中山北上共商国是。以奉系九省三市的地盘与实力，中国如能和平统一，则天下谁属就不难想象了。

可是以电脑细查凡四千万字的"二十五史"，我们也找不出中国历史上有"和平统一"的先例。试问我国历史上哪一个朝代不是枪杆子打下来的呢？

孙中山先生原本也不相信"和平"可以"统一"，所以他晚年一直在搞他的毫无希望的"北伐"；他的"遗教"上也分明指出统一中国必须通过一段"军政时期"。

不幸，此时蜗居广州的孙大元帅却英雄无用武之地。他的大元帅府设在广州的士敏土（水泥的旧称）厂；可是他大元帅的命令却不出厂门。那时帮他赶走陈炯明的原是外省"来粤就食"的流亡小军阀，如来自云南的杨希闵、范石生；来自广西的刘震寰、沈鸿英；乃至中山的老同志在每省湖南政争中失败的谭延闿、程潜和他们的湘军……甚至中山的老班底、蒋介石的老上司粤军总司令许崇智等等，都是一批不折不扣的旧军阀。他们来粤就食扰民是真，拥孙革命是假。他们就地征税征捐，包烟包赌包娼，大发横财，孙大元帅也分不到一文，但是他们都是大元帅的部下。当他们弄得天怒人怨，广东老百姓忍无可忍之时，大元帅还要替这些小军阀背黑锅呢。

所以，在那一段"做广东人的悲哀"时代，真正能为"本省人"说话的，反而是那些主张"粤人治粤"的陈炯明、陈廉伯（广州商团总办）等反革命的"叛徒"。孙中山先生虽然说得满口的广东话，对当地广东老百姓来说，他所搞的却是一种令本省人不能睡觉的"外来政权"啊。所以那时广东省内真正的黎民百姓实在厌死了孙中山，就是因为中山好大喜功，召来了无数省内省外的虾兵蟹将，把广东弄得乌烟瘴气的缘故。笔者作此大不韪之言，深知两党史家都会口诛笔伐的。但是执简而往者总应以史实为根据嘛。

中山其后不得已只好放弃"北伐"，转而于一九二四年秋，接受北方三大军阀（段、张、冯）的联合请柬，北上首都去搞其知其不可而为之的"和平统一"，未成，却于翌年三月齐志以殁。

可是话说回头，中山如不北上而病死首都，则广东的政局便不能发生后来的蒋氏独裁、江浙帮回潮的局面。盖中山如仍健在广州，则蒋介石这位宁波佬要想一口气赶走三位"本省元老"（胡汉民、汪精卫、许崇智），实不可能也。蒋氏后来之能扶摇直上者，成败之鉴，关键在中山之短命也。中山一死，介石才能抓住军权不放。终能扫平东江、清除杨刘、放逐许氏、逼走汪胡、压抑共产党、联络李白（新桂系）而统一两广。有两广地盘与实力作底子，搞出真正的"一国两府"，然后"革命军"的蒋总司令才能北伐中原，和"安国军"的张总司令，一决雌雄。直至张老帅于一九二八年六月四日在皇姑屯被炸身死，中华民国的"北京政府"也正式关门之后，南京的"国民政府"始被全国人民和世界各国，一致承认为中国的合法政府，才结束了那历时十六年的军阀混战之局。（见"图四"）

以上的四个圆圈的图解，目的只是把袁世凯死后，南北军阀十多年的"混战"清理出点眉目，找出点系统，让一般读者和本科学生不致因"混战"两字便对军阀时期这段历史，望而却步就是了。所以这看图识字的方法对研究"军阀史"虽只是个起步，但这个起步的知识，对许多非专业人士，甚或中学文史老师作为班上文史教材，已经很"够"了。我所教过的美国"在职训练"课程中的大批中学老师，便很诚恳地向我说过，有的还备有礼品相赠呢。

但是这"起步"对求知欲旺盛，有更上层楼愿望的读者和听众，就应该另有阶梯，循序渐进。这就是我想进一步浅介的"四方"图表了。

军阀大事，分段编年

什么是"四方"呢?

前节已言之，民初的"北洋军阀"，一共只胡闹了十六年。四四一十六，这十六年却可整整齐齐的划分成四大段，每段四年；而每一段正好由一个或一系军阀当权。其时间延续大致如下：

一、袁氏当国（一九一二—一九一六）

二、皖系段氏当权（一九一六—一九二〇）

三、直系曹吴当权（一九二〇—一九二四）

四、奉系张氏父子当权（一九二四—一九二八）

这整整齐齐的四大段，每段四年，就可以用四个连续的方框框，来解说一番了。

这一面自上到下，整齐划一，像四格玻璃窗一样的四个方框框，每框包涵一个阶段的历史。各框之间虽有其因果关系的连续性，但是分割开来，也各自成家，各有其独立性。

这种按时间直叙的写法，在我国传统史学上叫作"编年体"。不过传统史学中的编年（如诸家"通鉴"），都是没有选择的把诸事杂糅，按年份编排。读者如想知道某一特殊史事的原委，那就要打散编年，重行排过，是谓之"本末体"。我们这里则合二为一。四年一段，分段编年，而每段纪事，亦自有其本末。

袁氏当国（一九一二年四月—一九一六年五月）

这四年一框来说，袁世凯是这段历史时空的重心。在这一框框之内所发生的史实，无一不是围绕着袁世凯这个历史重心打转的。抓住袁氏一人在这四年中的政治行为，然后顺藤摸瓜，则这一阶段的史事皆在其中矣。

且看：

一、民初代议政府之实验与失败（一九一二——一三）

二、"宋案"与"二次革命"（一九一三·三——九）

三、袁世凯在朝搞个人专制，终身总统（一九一三——一五）

四、孙中山在野搞党魁独大，以党治国（一九一四·七——

五、日本提"二十一条要求"（一九一五·一——五）

六、袁氏帝制始末与"护国运动"（一九一五——一九一六）

七、袁氏暴卒（一九一六·六·六）

在这第一面方框之内所列举的前六条，有其刀割不断的因果关系，条条都与袁氏的政治行为血肉相连。但是他们的内容却可简可繁，治史、读史，老师学生，乃至"立监委、国大代"，红、黄、蓝、白、黑五色族群的职业人士，都可各尽所能，各取所需，随心所欲。

对一个非洲来的大一新生，他如能记住，中华民国头四年（一九一二——一六）是"袁氏当国"这一条，掌握了这一阶层的知识；那么他将来回到他的祖国埃塞俄比亚去，也可做个不大不小的"中国问题专家"了。

至于那些从事恶补的中学教师们，如能了解上述六条确切的涵义与连续性，那么他们回到自己的课室里，搞点"现炒现卖"，也就不难应付了。百尺竿头，更进一步，那就看各人的学养与责任心了。

为着扎扎实实的史学训练，一位常春藤盟校的研究生，也可以上述六条为起点来钻研"袁氏当国"这段历史的真实内涵。上述六条每一条都可扩展成五千言的"期终作业",五万言的"硕士论文"或二十万言的"博士论文",甚或是"博士后"的专题,那就龙潭没底了。

简言之,画一个小方框,在框内罗列合乎史学发展逻辑的几项简短的编年命题,它便可解说一段自成单元的历史事实,而解说的语言,只要能提纲挈领把主旨说清楚,则五个字(如"袁世凯当国")不嫌其少,五十万言不嫌其多。剪裁之道,则要看自己的目的,和听众、读者的需要,而各尽所能,各取所需了。

皖系段祺瑞当权时期(一九一六——一九二〇)

以袁世凯一人的政治行为作为四年中国政治的枢纽,在那"非袁不可"的年代,应该是顺理成章的。其实在权力上接他班的所谓第一号"北洋军阀"的头头段祺瑞,也照样适用。让我再画个方框框,把段氏的政治行为与影响编年一下:

一、黎段接班(黎为总统,段为国务总理)、参战案起、府院争权(一九一六·六——一九一七·六)

二、清帝复辟失败、段氏"再造共和"、废除旧约法(一九一七·七——八)

三、广州成立军政府、反段"护法"(一九一七·九一)

四、广州桂系排孙(一九一八·五)

五、"五四运动"爆发(一九一九·五)

六、华南:粤桂战争、桂系战败、中山复出(一九二〇·七)

七、华北:直皖战争、皖系战败、段祺瑞下野(一九二〇·七)

　　段祺瑞在北京当权虽只四年，然政情复杂，影响深远。第一段因力主"参战"（参加第一次世界大战对德宣战）而黎元洪、孙中山反参战，结果闹出"府院之争"。地方军阀拥段反黎，张勋入京调解，反搞出国会解散、约法废除、宣统复辟的闹剧。段氏回京驱走张勋，"再造共和"，并要另选国会，因而引起孙中山和南方军阀的"护法运动"。这时德国为支持孙中山反参战，乃私赠中山两百万马克（孙实收百万）为秘密活动费。中山骤得厚赠，遂能说动海军与八十位国会议员随他去广州开"非常国会"；并成立"军政府"，与北京中央政府分庭抗礼，搞出"一国两府"的局面。

　　第二，段氏为镇压护法运动，高唱其"武力统一"，大打其南北战争。结果武力统一不了，反招致南北军阀的大分裂，弄得全国皆兵，枪声不绝。其后吴佩孚、张作霖、蒋介石，最大兴趣，也都是武力统一。民无噍类矣，而始作俑者段祺瑞也。

　　第三，老段为着"参战"向日本借款练兵，秘密许下辱国条件。巴黎和会时东窗事发，惹起了扭转民族命运的"五四运动"，其后布尔什维克也随之而来。寻根究底，都离不开老段刚愎自用的政治行为也。

　　上述三段，任何一段都可写出百万言的巨著，然读者听众但一窥本框框中胪列之七条编年大纲，则可繁可简，经纬皆在其中矣。

　　段祺瑞的故事可以自成一独立单元。老段一旦被逐下野，我们的军阀故事，就进入另一单元，看曹吴当权了。

直系的曹吴当权时期（一九二〇——一九二四）

论才干，甚或论道德，曹锟、吴佩孚二人纵以军阀目之，也未必一无可取。曹锟原是个不识字、跑单帮的布贩子，但是他有当领袖的天才。一旦投身军旅便扶摇直上。等到他于一九二三年"贿选"成中国现代史上唯一的一位"文盲大总统"时，顾维钧博士充当他的国务总理。顾公一辈子见过的和服侍过的"领袖"，据顾氏私下告我，应以曹锟为第一。顾说他是一位"天生的领袖"。曹氏其他部属后来成知名国史专家者，亦均有同感。余亦颇有涉猎，未暇多赘也。

这里笔者得加点"附注"：曹氏作大总统时，虽略识之无，至少会签名。但在现代教育学的定义上，他仍然是个"实用文盲"，识字而不能实用之，如看公文或写信。那时胡适虽已风头一时，但是大总统府内公事公办，还得用"文言"啊！顾维钧先生曾一再很得意地向我说，他自己会以文言文批公事、改公文，甚至撰写公文。宋子文"划行"，往往只写"OK"两字母。"行"的意义本来就是英文的OK或Go ahead嘛。

若论"道德"，列宁不是说过嘛，道德是依附于阶级的。你如属于曾文正公、左文襄公那一阶层，那自然言必称"孔孟"，以"四书五经"为道德规范。但是你如属于曹锟、张宗昌、韩复榘、杜月笙那一阶层，那你就言必称"关岳"，你的道德规范就是"水浒传"和"三国演义"了。他们都是在各自道德规范之内的仁人志士呢。

至于蒋介石所提倡的"旧道德"，胡适、蔡元培的"新道德"，他们各自的"道德规范"，究在何处呢？鸡零狗碎的，他们自己也讲不出所以然来。所以如此者，则是传统的孔孟道德和江湖道德，都有其"定型"可明确遵行。不幸我们生于一个现代的"道德转型期"，"新道德"尚未定型，还没个标准足资遵循，我们就各说各话，各行其是了。

曹锟"贿选"，固属不该，那我们国父私受德国政府一百万马克，来搞一国两府，是否也是"受贿"呢？若说"革命无道德，以成功为道德"，岂不天下大乱哉？

至于那位一生"不住租界、不积私财、不举外债"，而晚年以不愿附敌，或因此为日人所毒害的吴佩孚，试问有几个满口革命者，能望其项背哉？抚今思昔，写历史的人，因为他们是"军阀"，就一定要曲笔而书之，吾人有所不为也。

不过话说回头，在直系当政那四年（一九二〇——一九二四），曹吴却是过街老鼠，人人喊打。张作霖、段祺瑞、孙中山且结成三角联盟，必灭曹吴而后快。曹吴之为这四年的政治重心者，就是因为他们军力最强，同时也是全国围攻的对象有以致之。

一九二一年底，中山先生在桂林策划反曹吴的"北伐"战事，列宁忽派专使马林来谒，而中山淡遇之者，即中山深恐"联俄"会引起英国疑虑，在长江流域阻扰其"北伐"也。迨陈叛之后，中山于一九二二年秋避乱上海，对"联俄容共"，就大搞特搞了。

总之，直系当政四年，中国政治是围绕着曹吴打转的。兹将曹吴年代的军国大事，依次编年于后，读者庶可一目了然。

一、中国共产党秘密组党（一九二一·七）

二、张段孙三角结盟反曹吴，中山北伐（一九二二·二一）

三、华北：第一次直奉战争，奉军大败（一九二二·四）

四、华南：陈炯明叛孙，中山不敌去沪（一九二二·四一八）

五、孙越宣言，中山联俄容共，胜利返粤（一九二三·一——二）

六、曹锟贿选作总统，中山继续北伐（一九二三·十）

七、国共合作，国民党第一次全国代表大会（一九二四·一）

八、第二次直奉战争，直军全溃，直系下台（一九二四·十）

读者如试阅上列八条条文而默诵之，则曹吴当权四年的中国政坛变化，便可尽收眼底。如打破砂锅，循序渐进，由浅及深，则史学岂有涯涘？

"直军全溃、直系下台"之后，我们的第四个框框中的军阀故事，便以奉系的张氏父子为主体了。

奉系张作霖、学良父子当权（一九二四——一九二八）

一、冯玉祥"国民军"盘踞北京（一九二四·十一—一九二五·五）

二、中山病殁北京，奉军入关胁段、抚直、驱冯（一九二五·三一）

三、奉军郭松龄倒戈失败（一九二五·十一——十二）

四、国民党汪蒋联合（新）桂系，统一两广（一九二五·三—十一）

五、奉系逼段二次下野，驱逐冯玉祥，整合华北（一九二六·四一）

六、蒋介石逼汪胡出国，重振江浙帮，誓师北伐（一九二六·五一）

七、张作霖吸收直皖残部，扩组"安国军"，自任总司令（一九二六·十二一）

八、革命军宁汉分裂，清党分共（一九二七·三一七）

九、张作霖自任"陆海军大元帅"（一九二七·六·十八）

十、蒋冯阎李二次北伐（一九二八·四—六）

十一、张作霖皇姑屯被炸（一九二八·六·四）

十二、张学良易帜（一九二八·十二·二十九）

军阀混战中的中国原是中国现代史上最复杂的一段；而军阀末季北伐期中的中国，则尤为最复杂中的最复杂的一段了。笔者所知的一位海外汉学权威的老教授，就为"一九二七年之中国"这一个命题，搞了大半辈子，还并未搞到一个差强人意的圆满结果呢！

"一九二七年之中国"是什么样的魔鬼呢？稍谈几条吧。且看新老军阀：什么皖系、直系、奉系、新旧桂系、冯系、阎系、滇系、粤系、川系等等都还老而不死，四处在蠢动呢。单一个"新桂系"的头头，笔者本人就写了他六十万字，还算是半部书呢（编者按：指作者所撰《李宗仁回忆录》）。他在一九二七年所发生的作用，大致还可加上六十万字吧。

再看他们革命党的红蓝两派，简直就无法下手啊！且看红派。它不但在中国搞得天翻地覆，在俄国也搞得人头滚滚啰。托洛茨基谈中国问题，一本小书就谈了六百页，多半谈的都是"一九二七年的中国"。他把我们的纽约市立大学，也搞得晕头转向啊。

纽约市大本部原是美洲第四国际的老巢。在一次年会中，我就被他们请去讲"中国托派史"和"托斯两派斗争史"——因为他们在我的"中国现代史"班上听得意犹未足也。我称他们为"Trotskyites（托派分子）"，他们却自称为"Trotskyists（托派分子）"。因为前者是"反动派"Lenin Stalinists（列宁·斯大林主义者）对他们的称呼。我至今还不明其所以然呢。我记得我那时还谈到，老军阀冯玉祥如何由白变赤，又如何再由赤变白的。

以上只以红派为例，至于一九二七年的蓝派、白派、黑派（上海的帮会）、研究系、交通系和政学系，那还讲得完吗？

不积跬步无以至千里。笔者因此就只提出上列十二条，要课堂里学生背诵背诵，知道个大略吧。再谈些什么"社会科学治史"，或"阶级分析"等等高深学理，那就未免画蛇添足了。

一九九四年十月三十日于北美洲

"护国运动"的宏观认知与微观探索

一九九五年十二月二十五日是世界基督徒的"圣诞节",也是中国近代史上,反对袁世凯做皇帝的"护国运动""云南起义"八十周年纪念日。现在且谈谈"护国运动"。

"护国运动"和"云南起义"是怎么回事呢? 这一问题,不但今日的读史者和治史者都不太容易说得清楚,就连当年亲身参与其事的基层人士,亦不甚了了。

记得远在一九五八年,当我在哥伦比亚大学襄赞李宗仁先生撰写他的"回忆录"的时候,我才知道李将军一生的辉煌事业实是从他在"护国军"中"炒排骨"(当排长)开始的。在他第一次参加"讨龙"(龙济光,袁之爱将,时为广东将军,加封郡王)时,他头上中了一弹,打掉满嘴牙齿。这伤口如上移一寸,李排长就要为"护国"捐躯了。

他大难未死,因功递升连长,继续参加"护法战争"。李连长一次在战场上观察敌情,刚一站起,大腿上便中了一弹。他如迟起一秒钟,李连长也要为"护法"捐躯了。

李将军为着"护国"和"护法",生死之际,空间上只差一寸,

李宗仁戎装照

时间上只差一秒。他当时如为这一寸一秒之差而战死沙场,则后来的"北伐战史"和"国共内战史",都要改写了。你能说,历史没有其"偶然性"?

可是李宗仁虽为"护国""护法"出生入死,他当时对"护国""护法"究为何事,却不甚了了。其后官高极品、戎马倥偬,当然就更是无暇过问了。直至他被赶出大陆,在纽约做寓公,经哥伦比亚大学之邀请,撰写其回忆录时,他对什么"护国""护法"就不能再马虎而要略知其详了。

我那时是李的秘书和研究助理,有义务替这位上将研究员补课。为此我替他借了些李剑农的《民国政治史》、邓之诚的《护国军纪实》和陶菊隐的《督军团传》等书,让他去"研究"一番,以帮助"回忆"。谁知这些史书,对一位退休老将来说,实在太枯燥了,引不起他的胃口。后来我灵机一动,竟借来了蔡东藩的《民国史演义》。不意此书竟大受欢迎。不但李公本人,就连李夫人郭德洁也阅读起来,并参加讨论,由浅入深,触类旁通,就书到用时方恨少了。

你可别小看这部"演义"。它虽是一部小说,但是除了"小凤仙"一类花边,被加了些麻油辣椒之类的杂料之外,它对一般军国大事、政府文献、往来电讯,却都是抄自当时喧腾社会、而今已失传的可称为史学"第一手资料"的各种报刊——李氏夫妇当年也都曾读过或听说过的各种报刊。一经提醒,再加史书印证,在回忆上,每每有豁然而悟之感，也充实了我们研讨的兴趣。

此事后来被郭廷以先生知道了，他对我竟大为称赞，认为是特有史记。盖中国近代史中所谓"护国""护法"等等军阀时期的烂账，纵是资深史家，耄耋前辈，对之亦鲜有不晕头转向者也。

宏观认知，微观探索

根据这一类治史的特殊经验，和个人数十年教读历史的些许心得，我认为处理像"护国运动"这种史学个案，对它宏观的认知和微观的探索，二者是不可偏废的。所谓"宏观的认知"者，并非认定某种史学理论作为框框，然后去搞"以论带史"，甚或"以论代史"。吾之所谓"宏观的认知"者，是看这一脉相承的历史本身的变化，然后聚积其相关史料而分析之，庶可回头看出这段历史发展的脉络。

换言之，历史家不是算命先生或诸葛孔明，未卜先知。历史家只是司马懿，"事过则知"，事情发生之后，把数据、资料输入电脑，按键分析，然后才能"恍然大悟"，长叹"原来如此"！因此"宏观认知"和"微观探索"实是社会科学治史的不二法门。所以我们治"民国史"，虽上智如胡适与梁启超亦难下笔，因其时间未到，数据、资料不足故也。近年来中国与世界同时发生了史所未有的变化，瞻前顾后，为二十世纪的中国史，做点从大看小的宏观认知，对各项答案，像"护国""护法""西安事变"，做点从小看大的"微观探索"，下点"定论"，应该是此其时矣。所以本篇拙作，就从"宏观""微观"两个层面，对"护国运动"加以透视而试论之。

共和崩溃是历史的"必然"

在宏观认知之下，我们对"共和民国史"，看出些什么"脉络"呢？

我个人教读民国史数十年，总是坚信：一部中国近代史（包括现代、当代）便是一部中国近代转型史。什么是"转型"呢？长话短说，就是把落后的"传统中国"转变成进步的"现代中国"。这种转型是一转百转的——小至鸡毛蒜皮、衣食住行、刮胡须、修指甲（微观）；大到宇宙观、人生观，政经理论，价值标准（宏观），无一不转。但是在中国近代史上，转得最突出、最敏感、影响最大、争议最多、牺牲最重的，则是政治制度的转型，尤其是中央政体的转型——我们最后的目标，是把"君主专政"转变成"民主共和"。

从总体说来，我国近代转型运动是从鸦片战争（一八三九——一八四二）开始的，但是政治转型则迟至五十年后的戊戌变法（一八九八）——康有为、谭嗣同等企图把中国传统的君主专政，转变成英国式的君主立宪。戊戌变法彻底失败了，才由杨衢云、孙中山接棒，要用暴力革命来废除帝制，改采美国式的三权分立——总统、法院和参众两院制的共和政体。

果然一九一一年十月十日武昌城内一声炮响，为时不过八十三天，到一九一二年一月一日，美国式的共和政体，便在中国大摇大摆地出现了。这一记"辛亥革命"和随之而来的民初共和政体，在中国近代史上算个什么东西呢？那坚持"一次革命论"的国、共两党理论家都说是辛亥革命"失败了"——国民党认为是"革命尚未成功"，共产党就干脆讥之为资产阶级的假革命。那在一旁冷眼观察的党外人士胡适之先生，则扼腕叹息，他认为中国丧失了那一段最能实行民主政治的机会——因为民初政坛上那批活动分子，"都是一批了不起的人物"（胡氏亲口一再向我说的）。胡适暗中之意，实在是认为民初那批国会议员，都是有高度共和信念与民主素养的人物。他们比后来国民党的"立监委、国大代"不知要高明多少。他们失去了实行美国式民主的机会多么可惜！

上述三种理论，事实上都是一种在分析中国近代史时资料不足的看法。我们今日如聚积足够多的资料输入电脑，其结论就不一样了。通过宏观认知，我们觉得中国近代史上整个转型期，大致需时两百年，姑名之为"历史三峡"；而转型程序，尤其是政体转型，则有明显的"阶段性"。因此"辛亥革命"既非成功，亦非失败，它只是这个历史三峡中的一个阶段之完成，一个险滩之通过而已。事实上，国民党的政权，也只是这个时历两百年的历史三峡里的一个阶段而已。

事过百年回头看，我们的政体转型（从独裁专制到民主共和）都还有一大段路好走呢！那么，我们如期望八十多年前历时只八十三天的辛亥革命，立刻就可化帝制为共和，岂不是天大笑话哉？

胡适之之兴悲，良有以也。孙中山之流涕，岂徒然哉！我们的结论是：民初共和政体、代议制度之失败，原是个历史上的"必然"。

这个近乎武断的结论，我想当今的读史者和治史者，都不会有二话吧！

失败既属"必然"，那么失败后的民国孤儿，总得有条出路。为求此出路，事实上，孙中山和袁世凯的意见是完全一致的。

孙、袁二人都认为民国政治其后的出路，必然是执政领袖的"个人独裁"。中山于一九一四年七月把国民党改组为中华革命党时，曾公开要求党员宣誓并按指模"服从"甚至"盲从"他一人。

袁世凯则自始至终圆谋建立合法或非法的个人专制的权力，从终身总统，到专制皇帝。明乎此，我们就可以肯定地说，辛亥革命之后，时未到三年，以孙、袁二公为首的革命和保守的两派政团，都已一致承认：

（一）不适用于中国的共和政体已彻底崩溃；

（二）继之而起的政治形式必然是个人独裁。

三峡之水，不可倒流

因此民初孙中山、袁世凯，虽然在政治上是一对死敌，但是对独裁政权的看法，倒是一个铜圆的两面，没啥轩轾。可是他二人在中国近代转型史上的历史地位，却有“收山”与“开山”之别。

孙中山是属于后一形态的开山之祖。他虽然也主张独裁，但是在理论上他是有所为而为的独裁，他是要通过“军政”“训政”去实行“宪政”的“代议政府”的——做到做不到，是另外一回事。

袁世凯就不同了。他的个人独裁，在理论上，在实践上，都是个死胡同。袁在民国元年三月十日继孙文先生成为中华民国第二任临时大总统；一九一三年秋季，他在镇压了国民党人的“二次革命”之后，于是年十月由新成立的正式国会选为五年一任的正式大总统；其后他又赶走国会中的国民党议员，解散国会，并由新成立的参政院，修改总统选举法，终于民国三年（一九一四，亦即孙中山的“中华革命党”创立之年），又把总统任期延长至十年，并可连选连任，甚至不连选也可连任，那就变成终身大总统了。不特此也，他还可以“嘉禾金简”提名，秘藏于“金匮石室”之内，指定接班人作将来的终身总统。这样他就成为中国近代史上第一个终身大独裁者了。

云南护国军将领合影
（左起：李曰垓、罗佩金、蔡锷、殷承瓛、李烈钧）

　　袁世凯虽是近代中国独裁政权的始作俑者，随之而来者亦殊不乏人——蒋公不亦是独裁终身？但袁之不幸在于，他基本上是前一"形态"的收山住持，纯粹的旧官僚。他的思想作风和政治视觉是没有任何"现代"踪影的。因此他的独裁政权，在理论上既乏远景与大任，在实践上，也没有现代独裁政权里对群众与军队那样严密的组织和控制。因此一旦有大事发生，他只有向老传统和旧形态中去找老师、觅灵感、求解决。像上述"金匮石室"那种怪事，他就是向雍正皇帝学来的。在波涛汹涌的"历史三峡"中去学雍正皇帝，那就是反潮流、开倒车，难免灭顶了。

　　再者，他学雍正皇帝，却没有雍正皇帝驾驭军队的能力。袁是靠北洋六镇起家的，是北洋军阀之祖。不幸在他取得全国政权之后，六镇将领纷纷出任封疆，逐渐形成了藩镇跋扈之局。他们各有其个别利害和私人政见，老上司亦不能随意左右也。

袁此外还有不易解决的经济问题。这时北京政府已面临破产，税收早不敷出，整军经武全凭外债。外债不举，国内如有内战，则军费一项，便可致命。袁似不乏自知之明，所以帝制运动初起之时，他皇帝本人倒不太热心。但他的政府这时已被领入一条死胡同，改共和为帝国或不失为解决之道。同时他自己和一些帝制谋士们可能估计到，原六镇旧人如冯国璋、段祺瑞等，对帝制纵不热心，也不致公开反对。至于边远省份，尤其是与革命派有渊源的云南省可能不稳，然云南远在边陲，纵有动乱，亦非心腹之患，日久自平。谁知开国时曾一度轰轰烈烈的洪宪王朝，竟被这边陲区区一省所闹垮，似非袁氏之所料也。

云南闹垮洪宪

反袁的"护国运动"始自"云南起义"。"云南起义"中享名最盛的是蔡锷。蔡锷之享名，第一因为他本是全国性的人物，活动不止一省，芳名久播，全国皆知。第二是他那套"小凤仙"传奇，经好事者加油加醋，英雄美人，哄传一时。第三因为他是梁启超的学生，由梁老师大肆鼓吹的结果。

其实"云南起义"的关键性人物是唐继尧。其重要性远在松坡（蔡锷别号）之上，而享名却远在蔡锷之下。其原因则是：一、他是云南东川人，留日归国后，除短期出长贵州省政外，一直在云南服务，鲜为省外人所知。二、辛亥革命时云南都督是蔡锷，唐继尧那时是蔡的部下。三、蔡锷是个锋芒毕露的人物，而唐则比较木讷。李宗仁先生告我说，当蔡锷出长广西陆军小学期间（李是他的学生），蔡氏每次乘马的方式都不是"翻鞍上马"，而是自马后飞奔，以跳木马的方式，飞上马背，所以校中师生都以"飞将军"呼之，举一反三，足见蔡之光彩也。

可是在一九一五年底云南起义时，情况就不同了。蔡其时原羁身北京作经界局督办。光杆一条的京官，无拳无勇、没钱没枪。后因与唐继尧有密约，始于起义前八天赶到昆明的。

蔡锷

这时唐继尧原为云南将军，起义后改称都督，是云南一省之长。在那鸦片还在公开买卖之时，今日的金三角便是当时当年的云南，真是一省富可敌一国。所以继尧是个有地盘、有军队、有枪、有钱的实力派"本省人"，不像蔡锷那个"外省人"，空头将军也。

当民四末季"筹安会"的六君子和十三太保等活动正烈时，唐继尧则暗地招纳全国反帝贤豪，潜往昆明，共议倒袁大计。其时先蔡而往的计有李烈钧、程潜、陈强、戴戡、方声涛、王伯群、熊克武、但懋辛等人，皆一时人杰（见由云龙《护国史稿》）。这是当时全国唯一的一个实力派反帝团体。此后反袁独立的有八省之多，但那些都是云南起义后的"骨牌效应"，其中甚至还有奉袁密令"独立拥护中央"的。

那时流亡在日本的孙中山先生和他的"中华革命党"，也在大呼反袁，但中山一群那时只是若干衣食难周的流亡革命党，他们想搞联日反袁，声势极小，算不得实力派。

所以昆明那时才是"反帝"中心。当蔡锷于十二月十七日抵达昆明时，滇方的军队、粮饷、军火、计划……早经准备就绪。旋即以唐继尧领衔与北京电战数通，云南省就正式宣布独立，反袁的号角也就响遍全国了。洪宪皇帝于一九一六年元旦登基，才搞了八十三天就烟消云散了。巧的是袁皇帝弄垮了历时八十三天的辛亥革命，他自己的洪宪王朝也只存在了八十三天，也算是偶合的报应吧。

一九九五年十二月十八日匆草于加州旧金山市

论"西山会议派"

　　"西山会议派"实在是中国国民党中以反共为号召而组织的第一个"派系"。其组成分子中的领袖人物,可说是集早期国民党人才之大成;他们所用以号召的理论体系,说是"孙文主义"的正宗,也不算过誉。照常理来推测,"西山会议派"在近四十年来的中国政坛上——尤其是在国民党的反共斗争中,似应发挥高度的领导作用。孰知它自始至终一直都被党中的当权派说成"反动的集团"。在二十年代的革命浪潮中,它除去发生一点点漩涡作用之外,简直没有起任何决定性的影响。时至今日,"西山会议派"已经完全成为一个"历史名词"了。现在我们再来研究这一派系的来踪去迹,应该算是纯学术性的探讨了。

"西山会议派"的背景

　　"西山会议派"是怎么回事呢?照传统的说法,其简略的历史,大体是这样的:

中国国民党在民国十二年（一九二三年）冬季着手改组之时，总理孙中山先生决定了一项"联俄容共"的新政策，主张中国革命应"以俄为师"。但是中山先生的主张，只是"师"俄之方法，而摒弃共产党之理论。所以他允许中国共产党加入国民党，目的也只是要运用共产党的"方法"和革命热情，来实行国民党的"主义"。

孰知共产党钻入国民党之后，逐渐形成一种尾大不掉之局面。不过中山先生在世时，其势尚微；中山先生本人的德望，也还可制服他们。到中山先生死后，共产党仗着"国际背景"便在国民党内纵横捭阖起来，搅得国民党内纠纷迭出。而国民党内少数机敏的领袖如汪精卫等也很乖巧地看出，中国革命若无俄援，亦断无成就，所以他们就一意纵容共产党，以讨好于第三国际。这样，共产党很快便变成了国民党内之"天之骄子"；俄顾问鲍罗廷，也就变成决定全党政策的"太上党魁"了。

西山会议

在这种情况下，党内一部分老同志认为此风不可长，思图加以纠正。民国十四年（一九二五年）七月，戴季陶首先刊印了一本小册子，曰"国民革命与中国国民党"。在这本小册子里面，他对"国民革命"以及"联俄容共"的政策都加以详细的检讨。公开否定共产主义之阶级斗争，并尖锐地指出国民党内左右两派的错误，而呼吁全党同志加以纠正。

同年十一月廿三日，国民党中央执监委员中，有十来位和戴氏见解相同的老同志，在北京西山碧云寺总理灵前，开了一场会，他们自称这会是中国国民党中央执行委员会一届四中全会。这便是有名的"西山会议"。"西山会议派"亦即由此得名。

"分共"而不"反共"

在这次会里，他们通过了七条议案，并发表了一篇宣言。在这宣言里他们指出国民党"容共"政策之错误。他们认定共产党之加入国民党并非由于信仰三民主义，而是企图利用国民党以发展共产党党势，并作苏俄之奥援。但是他们觉得国共两党既各有其不同之"主义"，则"国民革命与阶级革命，势难并行"。若让共产党长此隐混于国民党之中，使两革命团体之党人，因内部问题而纷扰决裂，反致妨碍国民革命之进展。所以他们主张"不若分之，使两党之旗垒，崭然以明，各为其党之主义而努力奋斗。"

在这《宣言》里，他们并没有公开"反共"；相反地，他们还主张与分立后之共产党合作。不过他们却公开指出苏俄是"帝国主义"（这可能是世界上第一篇指苏俄为"帝国主义"的政治宣言）。但是在革命进程之中，有联合必要时，他们也主张联合。总之国共的关系应该是"理

戴季陶

居正

势所不得不分,而情谊未始不可合也。"(见《西山会议宣言》)

这篇宣言一出,广州方面遂声明"西山会议"为非法,其组成分子则是"反动派"。"西山会议派"亦不甘示弱,反唇相讥。随即于上海自组其"中央党部",以与广州中央党部相对抗,造成了国民党改组以后,党内第一次正式分裂。

以上便是"西山会议派"简单的组织史,内容大体上也是正确的。

"反共"乎?"反动"乎?

公平的说来,"西山会议派"自称其十一月廿三日的会议为"四中全会"虽嫌过分,而广州方面根据这篇宣言便说他们是"反动派",则尤属非是。

若就"党义"来说,"西山会议派"这篇《宣言》,和戴季陶氏这本小册子都可说是中山先生死后诠释"三民主义"的"经典著作"。尤其是戴氏这本小册子,当时第三国际便认定它是国际共产党运动的一个劲敌。在共产党所出版的各种语言的宣传品上,也都展开了对"戴季陶主义"的攻击。戴氏竟被他们攻击得名满天下。就是西山派这篇"宣言"中所指出的各点,后三十年来国共关系的发展,亦均不出其所料。国民党尔后所有的反共宣传家理论家,亦未能跳出他们的窠臼。

元老的流亡集团

再就西山派的组成分子来说，其发起人与赞助人，事实上占有中央执监委员的半数以上。当时中执委共有二十四人，其中李大钊、谭平山、于树德、林祖涵四人为共产党。纯国民党执委只有二十人，其中胡汉民被派去俄，熊克武在广州被拘，实际可以出席开会者，只有十八人。而西山会议之发起人与赞助人则有林森、邹鲁、居正、覃振、石青阳、石瑛、戴季陶、沈定一、邵元冲、叶楚伧、李烈钧等十一人。纯国民党员而表示反对或未表示意见者有汪兆铭、谭延闿、于右任、柏文蔚、王法勤、丁惟汾、恩克巴图等七人。

监委五人中有张继、谢持、邓泽如三人参加西山派（余二人为吴稚晖、李石曾）。所以西山会议之成立，实拥有中央执监委半数以上，自称为"四中全会"，实在也不算怎样太越份。

但是令人奇怪的，是西山派既有如此强大的阵容，为什么不在广州中央党部开其堂堂正正的"四中全会"，而要跑至北京去开流亡会议呢？据西山派自己以及传统的说法，是因为广州中央党部，为共产党所把持，中央执行委员会不能行使职权。其实吾人如稍一追溯国民党的党史，便知道这话未必尽然。此中尚有其他原因。

"一党专政"与"民主专权"

原来国民党自改组为中华革命党之后，理论上与形势上均已趋向"一党专政"。当时反对这一转变的人很多，但是大半都自动脱党。而后来"西山会议派"这一群人却是当时拥护这一转变的中坚分子。国民党本身既已向这方转变，所以在一九二三年能与列宁的俄共一拍即合。而第一个介绍列宁代表给中山先生的，同时也是主张"容共"最力的人，不是旁人，正是西山派第一员大将张继。

俄国共产党"一党专政"的制度是建立在"民主集权"制这一理论基础之上。这一制度，讲起来是很动听的。但是实行起来，便不是那回事了。

试看国民党第一次全国代表大会所通过的党章第九条，分明规定全国代表大会闭会期间，党的"最高权力机关"是中央执行委员会。但在中山先生去世前，这一条已经是具文。中山先生事实上是国民党的最高决策者。民国十三年（一九二四年）七月十一日，中山先生又仿照俄国方式，组织了一个"中央政治委员会"，中央执行委员会则变成一颗橡皮图章。除对中政会的决议无异议的"追认"之外，党政大事，中央执行委员会一概无权过问。

此项制度在中山先生在世时，犹有可说。因为党章第廿四条尚规定"总理对于中央执行委员会之议决有最后决定之权。"中政会尚可假总理之名以行之。

但是总理死后，国民党如不能产生第二个"总理"，则中央执行委员会应是党中的"最高权力机关"了。无奈人类都是好法不如好权的动物。中政会以汪精卫为首的衮衮诸公，既有权在手，如何能轻易放过。至于党章不党章，民主不民主，那就顾不得许多了。

一九二五年七月一日，中央政府委员会（后改称"中央政治会议"）决议废除"大元帅制"，成立"国民政府"，并选汪精卫为主席。此决议之通过以及立刻付诸施行之经过，不特中央执行委员会不知其事，连中央常务委员会亦不知其事。成立国民政府是何等重要的大事，而中常会竟被完全抹杀。则中央执行委员会在党中的地位如何也可以想见了。

林森

反共和反集权

所以在西山会议中所通过的七条议案，除驱鲍分共之外，还要"开除汪兆铭党籍"和"取消政治委员会。"事实上西山派活动的主旨不在前者而在后者。他们反对的不只是"广州中央"容共的"政策"，主要还是反对违背"民主集权"制的中央政治委员会这一"制度"，并运用这一机构而挤掉胡"代帅"卒至身兼"国民政府""中政会"和"军委会"三个"主席"的独裁者汪精卫。如果汪精卫被赶下台，中政会被取消，中央执行委员会恢复了"党章"上所给予的权力，则"分共"也好，"容共"也好，都不成其为问题。

这里我们便可看出传统的说法，是过分强调西山会议派的"反共性",而忽略了西山会议派争取恢复中央执行委员会权力这一回事。

所以可以说汪是破坏国民党内"民主集权制"的始作俑者,而"西山会议派"则是在党内"集权"而不"民主"的斗争之中被挤掉的一群优秀的领袖。

"革命的向左来"

西山派既以汪氏为攻击目标,汪氏也一不做二不休而大搞其"革命的向左来","与共产党同生共死","服从第三国际领导",以争取俄援及新兴的中国共产党的支持,一面把握外援,一面获得党内军人的支持,汪氏便索性不把中央执行委员会放在眼里了。

邹鲁

一届中委既以党内法统来反汪,汪氏有钱有枪,就干脆再制造一个拥汪的新法统来替代反汪的旧法统。民国十五年(一九二六年)一月,在汪精卫领导之下,广州中央举行了"第二次全国代表大会",选出了所谓"广州第二届中委",干干脆脆把第一届"反动派"挤掉,免得他们再以"党统"二字来反汪。

这一批"广州二届中委",便是汪的本钱。以后他每有活动都一口咬定所谓"党统"。这一"党统"便是"西山会议派"被挤掉以后的"广州第二届中央执行委员会"。

上海的"二全大会"

汪精卫既然毁掉一个"党统"又重建一个"党统"，西山派不甘示弱，也于一九二六年三月廿九日在上海召集他们的"第二次全国代表大会"，也选出了一批"中委"，以与广州二届相对抗，这便是上海的"二届中委"。

殊不知政治是最现实的东西。西山派原是一批在广州中央被挤掉的领袖。党的实力与基础皆在广州，这批人想在上海"另起炉灶"，自然不是容易事。西山派既是搞集权政党的集团，本身又无实际力量，所以就活该做一辈子"反动派"了。"西山会议派"的悲哀便是这批"元老"皆是"总理的老朋友"，为人比较正派，功名利禄心比较淡泊，满腹理想还是围绕在什么"争决议"和"民主集权"之上，一切事情自然都行不通了。

共产党的难友

等到革命军于民国十六年（一九二七年）四月底定了长江流域之后，国民党内一方面要"清共"，一方面要"打倒独裁"，闹出了"宁汉分裂"的闹剧。汪精卫因为在党中尚有其潜势力，所以卷土重来做了汉方首领。"西山派"自以为是以主张"分共""反汪"起家的,现在应该是"宁方"的座上客了。谁知即在四月十二日共产党控制的上海武装总工会被革命军缴械屠杀之同时,西山会议派在上海环龙路的"中央党部"亦被当局查封。西山派的"老同志"真做梦也未想到当国民党在四处捕捉他们历年来所反对的共产党时,"老同志"们自己却和共产党于同时同地作了向四处躲藏的难友。

"西山派"功成身死

民国十六年(一九二七年)长江流域的政局变动是迅速的。"汉方"于七月中亦开始"分共";八月十二日,"宁方"首脑的蒋总司令辞职下野。这时在暗处观虎斗的"西山派",又开始活动了。在他们不断斡旋之下,"宁、汉、沪三方同志"释嫌修好,共同协议组织"特别委员会",谋全党之大团结。全党顿时呈现出一种空前未有的和平新气象。

这一刹那,真是西山派踌躇满志之时。论资望,西山派元老在党中均属第一。如果国民党从此以后,真正推行"民主集权制"实行训政,西山派必然是党的中坚力量。当"特别委员会"于民国十六年(一九二七年)九月中旬正式成立之时,西山派在上海被查封而又恢复的"中央党部"自动正式撤销。这样便结束了西山派有组织的生命。

怎知好景不长,原已赞成"特委会"的汪精卫,于十月间忽又搬出"党统"这个问题来,宣布特委会为非法。认为解决当前党事,应召开以"广州二届中委"为基础的"四中全会"。在汪精卫看来,所谓党内问题便是宁汉双方的事。今日宁方首脑已下野，问题已简单化，难道早已被清除的西山派还想死灰复燃吗？果然这摊死灰已无力复燃，在汪氏一声反对之下，所有兴致勃勃的元老们，又走上流亡的道路。他们自己的团体既散已不可复组，自兹而后，西山分子，只有分别去打他们个别的政治游击战了。凭他们各个人的历史和资望，只要平时能睁只眼闭只眼，向实力派投靠，仍然可以做个吃饭不管事的花瓶；如果仍然执拗不化，那就只有老死沟壑了。

这便是"西山会议派"的一段兴亡史。

（编者按：本文系旅美史学家唐德刚教授于一九六〇年所写的文章，内容简要，分析深刻，原文并有副标题《民国史实试论之一》。现特予重载。唯与本题无直接关系部分，稍加节略，敬请作者与读者原谅。）

▼

政学系探源

（一）

在国民党掌握大陆政权的后期，派系纷立的局面之下，政学系实是炙手可热的最有力量的派系之一。在这些小派系中，政学系的资格也是最老的，因为国民党当政时的派系，除它之外，其余全是一九二四年改组以后才产生的，而政学系却是一个"齿与党齐"的元老组织。但是他和另一个"元老组织"的"西山派"又有不同。虽然"西山派"的成员，都是"元老"，但"西山派"组织的本身却是一九二五年才出现的。再者"西山派"在一九二七年垮台之后，死灰也不再复燃，"新陈代谢"就更谈不到了。政学系可就不然了。它虽然始则有形，继则无形，但它自始至终却是一个颠扑不破的政治团体。抗战胜利初期，其中野心领袖们（据一位深知内幕的老前辈告诉笔者），曾酝酿组织新党以掌握中央政权呢！

这一野心虽未实现，但政学系在国民党和国民政府之内的力量至少可与另一有力的派系"CC"系相颉颃。

可是"CC系"在许多方面却难与政学系相抗衡。盖"CC系"虽然干部遍天下，包办甚或把持了无数个党政小单位，但它却是个"有兵无将"的团体。它的散兵游勇，虽然到处树敌惹忌，但是"大官"委实少得可怜，就是陈立夫先生自己也只在最后才做了几个月的立法院副院长。所以星相家如替"CC系"算个命，一定会说它缺乏"正官正印"！

政学系可就不然了，数数它的领袖们，可说内有宰辅，外有封疆。据国民党的传统说法，政学系的成员没有"简任"以下的小官，所以它是个"有将无兵"的团体。他们只与高级的政敌，决胜于千里之外；而不在大学的学生宿舍，或小职员的公共食堂内，对人家横眉竖眼地表示特殊惹人讨厌。所以政学系给一般人的印象便是这个团体是一大批做高官、享厚禄的"治世能臣"的组织。事实上，自民初国会政治搞起，直至今日作"厨房内阁"为止，它在国民党内的影响较之其他任何派系实有过之而无不及。

所以将来史学家如一秉春秋之笔来论断国民党的史实，如认为该党功在国族，则政学系实在应该"配享太庙"。相反的，如果认为国民党祸国殃民，罪在不赦，则政学系实在也不能只算是"协从"！但是政学系究竟是个什么东西呢？这也是个有趣而值得研究的问题。不过要研究政学系也不是一件简单的事，它的历史、人物、组织、政治权术，它代表了谁的利益，甚至它的"阶级性"都太复杂了。笔者也断不敢以"二手资料"冒昧来作一项"Case Study"，只想就书本知识，来一探这一派的起源，和它以后在国民党当政中所活动的大略而已。但愿我们沾"言论自由"的光，先为这个问题画个轮廓，好让其他专家或"个中人"来以事实填补罢！

（二）

讨论政学系似应从同盟会谈起：

同盟会原是一九〇五年夏季，中国革命分子在日本东京所组织的革命大同盟。盖斯时中国留日学生共有两万多人。真正读书的人虽然不多，但是谈革命却是一时的风气；革命的小团体如雨后春笋，个别的革命家更不计其数。大家都认为有联合组织之必要，刚好孙中山在伦敦蒙难之后，在这一年载誉东归，成为国际新闻人物，大家乃公推中山为首，于一九〇五年七月三十日正式在东京成立同盟会。

虽然同盟会当时的誓词是"驱除鞑虏，恢复中华，建立民国，平均地权"。但是盟员一致服膺的共同信念却只是"驱除鞑虏，恢复中华"，最多也只到"建立民国"为止。因此，同盟会虽然是中国革命史上最"革命"的一个团体，但是一旦"民国成立"了，奋斗目标消失，革命精神便再也打不起来了。

所谓"民国"这一概念，在当时的解释便是一个国家的中央政府是个"共和政体"——有总统、内阁和上下两院——就够了。有才识的政治家，和善于纵横捭阖的政客，都应集中到"国会"里去动口不动手。因此民国一旦成立，同盟会便"盟"而不"同"了。当宋教仁、黄兴一般人正式把同盟会改为国民党，以便在国会内以"政党"姿态出现并从事政争时，另一干与宋、黄不合的盟员如章太炎等，便另行组党，甚至与前保皇党蜕变为北京政府中的政党——进步党等携手在国会之内与国民党对抗了。同盟会这分裂非关本题，权且按下不表。

再看这以宋、黄为首的新国民党，其内部也发生了细胞分裂，形成激进与稳健两派。激进派以孙文为首，主张把革命进行到底，绝不与北洋派并存；稳健派则以宋教仁为首，主张政党政治，通过国会，掌握政权。这一派在民国元、二年间是国民党的多数。因此，宋教仁占尽风头，孙中山反而受到冷落了。可是，在民国二年（一九一三）二月二十日宋教仁遇刺，接着国民党举兵讨袁（所谓"二次革命"）之后，国民党内激进派又振振有词起来。孙中山因而在日本又把政党形式的国民党改组成革命党形式，以一人为中心的"中华革命党"，于民国三年六月在东京正式成立。

这时以国民党占多数的国会已被袁世凯下令解散；国民党也变成了非法组织，因而党内稳健和激进两派领袖同时在海外流亡。但是这两派的作风却大有不同。例如民国四年初日本向袁世凯提出"二十一条"要求时，全国震动，稳健分子主张暂停反袁活动，以便北京政府全力对日；而激进分子则不择手段，不惜暗中与日本联络，共同对付袁氏。

由于这两派作风之不同，所以当中山改组国民党为中华革命党时，稳健分子多不愿参加。民初的国民党中真可说是人才济济，但吾人试一翻"中华革命党"的盟书，便可知其人才寥落得可怜。新党中的"知名人士"只是少数奉中山为神圣的"死党"，如胡汉民、廖仲恺等人，且多半是与中山有乡谊的；其外为辛亥前后，头角峥嵘军政两界的著名领袖如黄兴等则多半不愿参加这个只服从个人的半封建形式的组织；武人中原为辛亥军事中坚的所谓留日"士官系"的人物，简直有百分之九十拒绝参加。所以国民党的中坚人才，仍集中于稳健一派。

至民国五年袁世凯称帝，反袁各派在广东肇庆组织军务院，拥唐继尧、岑春煊为首，整军预备讨袁。而在参加这项运动的人士中，对桂系实力派发生重大影响的国民党人却又是以李根源（任副都参谋）

为首的国民党稳健派。

迨六月初，袁氏暴卒，黎元洪继任大总统，恢复旧国会，国民党籍的稳健、激进两派复与前反袁的研究系一派合作，共有议员四百余人，谋成立一大政党。因于是年九月九日在北京合组"宪政商榷会"作为当时段祺瑞内阁之反对党。而这一团体中又因背景与政见不同分为三派：（一）客庐派：以谷钟秀、张耀曾、王正廷等为首。拥有群众二百六十余人，多为前国民党稳健派分子，为"商榷会"中之主力。（二）丙辰俱乐部：以林森、居正、马君武等为首。多为前国民党激进派，后来加入"中华革命党"者。（三）韬园派：多为前反袁之旧进步党人。未几谷钟秀、张耀曾二人因加入段祺瑞内阁的关系，乃率众脱离"宪政商榷会"并于是年十一月十九日自组一政党，名之曰"政学会"。这个"政学会"便是本文所讨论的"政学系"的起源！所以概括言之，"政学系"与旧国民党稳健派实是一脉相承的。

不过"政学会"虽以亲段起家，但是不久又走上反段的道路。因为"政学会"毕竟是有反北洋派历史的。它和国民党其他派系，尤其是中华革命党一系的"丙辰俱乐部"的渊源远深于它和段的关系。因此当民国六年"参战案"发生，段祺瑞因主张参加欧战，而招致国民党的激烈反对时，谷、张二人又受"丙辰俱乐部"的影响而去职。国会内的"政学会"分子遂公开反段。迨张勋复辟之后，段祺瑞解散旧国会，另组"安福国会"，旧国会议员乃纷纷南下至广州组织"非常国会"，成立"军政府"，并选孙中山为"大元帅"。"政学会"因地利人和之便，乃在西南政局上掀起了前所未有的政治波澜，终于赶走了大元帅孙中山，为华南煊赫一时的政治势力！

（三）

当"政学会"在北京组织之初，谷钟秀实是要角。钟秀为直隶定州人，谷氏为该地巨室。谷门"钟"字辈兄弟早年赴日留学即加入同盟会。钟秀更是一位长于权术的领袖。辛亥起义之初，十一省代表齐集武昌集议成立临时军政府，钟秀即以直隶咨议局代表参加，成为创立民国及共和政府的元勋之一。旋各省代表齐集南京成立参议院，选孙文为临时大总统，钟秀仍为参院内直隶代表。迨南京参院迁往北京，钟秀竟当选为北京参议院全院委员长。嗣国会成立，乃改任众议员，与是时当选为众院全院委员长之张耀曾相表里。

张耀曾，云南人，日本帝大法科出身。亦系南京参议院时代的元勋。袁世凯死后，段祺瑞组阁，耀曾乃以众院全院委员长身份被罗致为司法总长。迨政学会成立，谷、张二氏乃运用其政学系首领及两部总长的地位，纵横于直、皖两系军阀及国民党研究系两派政客之间，颇能展其所长。其后钟秀且以同乡关系交结直系军人以掀起民国九年直皖之战，搞垮段祺瑞。

但是当民国六年非常国会在广州举行时，政学系领袖亦随之南移，并由李根源、杨永泰二氏继起为中坚人物。李根源，字印泉，号雪生，云南腾越厅人。清末赴日入士官（学校）留学，

谷钟秀

张耀曾

并于光绪丙午（一九〇六）年在东京加入同盟会。返国后任云南讲武堂监督三年，后升总办。因此后日滇军将领非其部属即其学生。

辛亥革命云南独立，蔡锷为都督，根源任副都督。民国五年反袁之役，滇军为两广都司令部武力之中坚，根源便以滇军关系出任副都参谋，因此与老桂系的岑春煊、陆荣廷等结下不解缘。袁氏死后，根源出任陕西省省长。至民国六年反段护法战争发生，根源且实际掌握了驻粤滇军，与"非常国会"内政学系议员相表里，表面拥护孙中山，而实际与两广实力派的地方军阀陆荣廷、陈炳焜合作，割据华南，与北京的段祺瑞和研究系相抗。李根源是一位才兼文武的人物。虽然生了一险麻子，然自诩为"智珠粒粒"，却也与事实相符。

不过根源虽是政学系的实际领袖，却甚少正式露面，所以在当时非常国会内的政学系议员，则以"南关五十号"的杨永泰为马首是瞻。杨永泰（畅卿）为广东茂名人，生于光绪六年（一八八〇），小李根源四岁。以广东佬而毕业于北京汇文大学法科而从政，也是北京参议院时代的元老。畅卿是一位案牍如流，有高度行政天才的人物，眼明手快；凡有人质疑问策，杨氏能于谈笑之间立拟"上""中""下"三策以对，无不妥切。他在广东既享地利，又怀巨金，因此坐了政学系的二把交椅。

以这样两位纵横家，与拥兵十余万，占两省地盘的地方军阀相结纳，因而孙中山在广州只顶了个"大元帅"空衔而一筹莫展。但是中山的英雄本色，硬要搞他毫无本钱的"护法运动"和"非常国会"，便逐渐引起政学系和桂系的驱孙之心了。民国七年四月，广州"军政府"终于在政学系暗地里策划之下改组。孙中山被拉下"大元帅"的宝座，而代之以"七总裁"，桂系首领岑春煊被选为"主席总裁"。孙中山护法不成，只有到上海去著书了。

民国八年夏季，杨畅卿又利用桂系和广东本地人的矛盾，取得广东省省长一职。翻手为云，覆手为雨，这时政学系在华南真炙手可热。但是他们也知道搞政治，还须到北京去，广州终非久恋之乡。所以他们在广州一切做法，都是志在向北京作观望，以便卷土重来。不幸此时还有一批拥孙的议员，真有志以广州为正统，要在非常国会内通过一部在北京便已开始拟订的宪法。政学系认为此风不可长。在畅卿一度策划之后，政学系小试牛刀，来个"总缺席"，宪法会议便顿时流产了。这实是政学系以集体行动正式公开"杯葛"政敌的第一次。

可是此后不久，政学系在南方又失势了。第一，滇系军人之间，发生了"二李（根源、烈钧）争兵"的内讧。至民国九年春斗争至白热化，结果滇军主力被倾向孙中山的李烈钧抢走了。李根源和桂系合作的本钱顿时打了个大折扣。再者同年八月又发生了陈炯明"漳州回师"的变化。孙中山和他的国民党激进派重回广州掌握军政府。李根源的残部和桂系的主力一并给孙中山的粤军消灭了。嗣后中山打平两广，政学系久为中山所痛恨，自无立足余地。迨炯明背叛中山，政学系又向炯明送秋波，希冀合作，然炯明对政学系无好感，政学系终无法乘间。

孰知天无绝人之路，正当这山穷水尽之时，北方政局，峰回路转，又是一番柳暗花明。原来民国九年七月底，直皖战争之后，与政学系有相当渊源的直系军人曹锟和吴佩孚，想乘机肃清皖系在中央政府残余势力所寄生的"安福国会"，和该国会所产生的总统徐世昌。经过一年多的酝酿，徐世昌终于民国十一年六月被迫去职，同时"安福国会"解散，旧国会二度恢复，黎元洪也作了第二次的总统。这时本来"妾身未分明"的政学系的旧国会议员在谷钟秀、杨永泰等领导之下，又活动起来。为加强活动，以旧班底集合了国会议员四十余人，正式组织了一个政党叫"宪政社"，拥护黎元洪。黎氏东山再起，本是孤家寡人，也乐得与政学系合作，以图减轻直系军人之压力。因此当黎元洪邀请张绍曾组阁时，李根源被任命为农商部总长，该系另一要角彭允彝则出长教育。这一项新发展因而引起了政学系与直系军阀的正面冲突，黎元洪也因此视政学系为其死党。所以当黎

李根源

氏为直系军人压迫去职时，索性任命李根源为国务总理，并"裁撤"所有巡阅使和督军。此举虽系黎氏愤懑的表示，但是却宣布了政学系和直系军阀的正式离婚。因此当民国十二年十月曹锟"贿选"时，政学系遂为反曹的主力。在四百八十个投曹锟票的"猪仔"之中，政学系的领袖们皆不与焉。所以不论政学系的功过如何，这一点还是值得史学家赞扬的。不过"猪仔"们的灵魂，虽只值五千元一头，但是当

议员的还有不做猪仔的自由，五千元光洋，受不受由你，而政学系诸公不但不受且敢捋虎须而公开反对，这都表示政学系这批领袖们，虽都是善于纵横捭阖的政客，但是他们也还有相当操守和相当独立的主张，为人处世有所为有所不为，这又岂是一味骂军阀时代一无可取的后世"委员"和"代表"们所可企及的？

不过有组织的政学系，在曹锟贿选后，已不能复振。民国十三年冬，二次直奉战争爆发，曹锟因冯玉祥倒戈而被囚。北京政府成了张作霖、冯玉祥和段祺瑞的合营公司，并以段为"临时执政"。政学系遂又依附于三派中较为进步的冯玉祥。但这时冯玉祥的力量本甚微弱，政学系本身也已成强弩之末，迨冯玉祥败出南口，政学系在华北的政治生命也就不绝如缕了。

至于华南，政学系则已被连根拔去。盖中山于民国十二年初驱逐陈炯明，重组大元帅府之后，广州已是与政学系有旧怨的清一色的孙系人物。他们绝不许政学系人物来广州作祟。加以这时中山已实行"联俄容共"，年轻的一辈更把政学系看成北洋军阀的帮凶，是反革命分子。政学系领袖们因而又成了投奔无门的丧家之犬。直至国民党于民国十六年"清党"之后，他们遂又在国民政府下，生起根来。

（四）

由前文所述，吾人可知政学系原为民国初年北京国会内议员们所组织的一个政团。这种政团实是民主国家国会形成期间所共有的现象。美国国会成立之初，政见不同的两位领袖杰弗逊、汉密尔顿二人便各自纠集党羽，在国会内形成两个政团，而开美国两党制之先河。政学系早年的领袖，亦均一时之选，在国会内集合同志，组织一政团，本是很自然的事。

不过大凡一个民主政团，必有其代表性。美国早期的杰弗逊集团所代表的是小农、小手工业者和负债阶级。他认为"中国的小农制"应被视为美国农村建设的目标。他们主张把"工厂放在欧洲"，以免资本家和大商人混到美国农村社会来作恶。汉密尔顿则是代表新兴的工商业和债主阶级，他们憎恶所谓群众，所以汉密尔顿说"群众是野兽"。这是美国革命后所自然形成的两种社会力量，因而在国会内，形成了两个政团来代表他们。

试问我们所讨论这个政学系代表着当时中国社会上什么人的利益呢？一个政党如果代表某个阶级或某种社会力量，其方式只有两种，一是某政党的成员是某阶级产生的，二是先有恶势力的组织，然后与某阶级勾结以取得援助。所以它的政策与作风应该有其赓续性。吾人如检讨政学系，便发现他们并不如此。不特此也，就是当时最反动的"交通系"，较保守的"研究系"和最激烈的"中华革命党"，乃至南北各派军阀，都不代表任何社会力量，任何阶级，或任何帝国主义的利益。

试看变得最多最快的"倒戈将军"冯玉祥。他从清朝的管带，做到洪宪王朝的"男爵"；再做直系军阀；又是倒直、排皖、反奉的一无所属的国民军总司令；受基督徒洗礼而受西方传教士支持的"基督将军"；又做了受布尔什维克洗礼的"北赤"；又做屠杀共产党的国民党右派；再做受少数党派支持的抗日同盟军总司令；又重做冯妇当了国民政府军事委员会副委员长；战后游美又做了资本主义的宣传员；中共政权登场，焕公（冯玉祥字焕章）又打算立刻回国投效，终至丧生黑海。试问这样一位变来变去多彩多姿的人物，他究竟代表哪个阶级，哪一种社会力量？但我们却不能因此而忽视冯玉祥在民国史上所起的各种决定性的作用。

所以吾人如果要谈政党的代表性，第一要有个各种社会力量和平共存的民主社会，第二要有个守法而有效的议会政府。大家按法律程序来争取政权，政党始有代表性。

我国民国初年的政府和社会都还不具备"政党政治"的条件。搞政党的人不是社会任何力量所产生的代表，而是我国"学而优则仕"的职业官僚的传统产物。他们离开了"议会"离开了"官"，那就如鱼之失水了。正好政治不入常轨，国会上下两院亦如台湾以前的"国大"与"立院"，由"客观环境"所限而不能改选，议员先生有干薪可拿，风头可出，胡同可逛，万寿无疆，皆大欢喜。谁要打掉我的铁饭碗，我就要和谁拼到底！

不过吾人可不要小视民初那些议员，尤其"政学系"那批政客。他们当初都是"许身革命"的志士。"驱除鞑虏""建立民国"，他们都有过汗马功劳的。他们不是只知举手喊万岁的"猪仔"，而是够得上与"中山先生""克强先生"称兄道弟的特立独行的人物。处于民初混乱的局面下，生存上对职业的要求，道义上对国家的责任感，加以性情上又是"不甘寂寞"（否则当初也不会去搞革命），在在都迫使他们非搞政治不可。但是搞政治又代表不了任何一股社会力量和阶级，在上又没有一个"睿智天纵"的"圣主"可以去效忠。袁世凯、段祺瑞一批武夫，又远非这些以"政治家"自命，而确有"济世之才"的人物所能甘心低首的。四处不着边际之时，他们的行动就只受两种力量支配了。第一是个人切身的利害，第二便是个人的政治信仰。

论起切身利害来，他们都脱离不了中国士大夫"学而优则仕"的老传统。在公则辅翼圣主，福国利民；在私则荣宗耀祖，升官发财。所以政学系里面的分子，最大的政治欲望则是内阁总理和各部总长，或外放作巡按史、民政长。他们之间没有想做皇帝的人。因为"自古帝王多无赖"，他们都是书生出身，还未下流到"无赖"的程度。

若论政治信仰，则他们都是搞"驱除鞑虏，建立民国"起家的。他们都是时代的产儿，跳不开时代所给予他们的观念。这一时代有为有守的人都认为议会式的民主政治，是"民国"的最高原则。他们反对过清朝大皇帝，也反对过洪宪新皇帝。对孙文要改变民主基础来"慎施命令"的寡头作风，他们也照样不能接受。所以就政治信仰来说，他们原系有"道"之士。但是当他们由于无拳无勇，有道难行之时，他们又没有孔二老头子"乘桴浮海"的决心。等而下之，便走了战国时代"游士"一流人物的道路了。他们要向有权有兵者游说，以图合作了。从政治信仰来看，他们可能为着原则，有时还要摆一摆"仲尼之徒，无道桓文之事"的架子！从利禄着眼，则有时难免要走"策士"的老路，挟纵横之术，来干禄公卿，至于原则也早就收起不谈了。这便是早期政学系成员的本质。不过民国还粗具大一统之外表，他们也还有个"国会"为老巢，所以政学系事实上便是一群气息相投的"策士"的组织。其动机虽万难与孟轲、荀卿的游说相比，其作风亦尚略胜于"收两国之金"的下流策士。

要之，人类社会的政治制度不外两端。一系自上而下的极权政治，人民之福端赖圣主明君之施与，另一则为近代的自下而上的民主政治，一切取决于人民之投票。我国早期政学系之可悲，便是他们生存在一个上不沾天、下不着地的非牛非马的政治制度之中。政学系内的一批政客，都可说是"治世之能臣"，圣明在上，他们都可辅翼天子，调理阴阳，可惜他们迟生了数百年。再说，如果中国当时民主政治有基础，他们也可代表阶级利益，作民主党魁，哗众取宠。不幸他们又早生数十年，甚或数百年，终至长才不遇而沦为一官僚政客的集团，在岑春煊、黎元洪、冯玉祥之间讨饭吃，本来也实够惨了，直至国民党北伐完成，"国会"一去不复返，这一批政学系内的职业官僚，难免就更是丧家之犬，惶惶不可终日，而另谋职业之道了。

（五）

当政学系在华北华南皆无立足地之时，天无绝人之路，华南的革命政权发动了有名的北伐；这北伐又带来了左右两派的分裂，天下又复多事。历史事实告诉过我们，统兵善战的将才和口若悬河的策士们是唯恐天下无事的。天下愈多事，他们的机会也愈多。政学系的枯木因而又在这多事的国民党两派的夹缝中开始发芽了。

今且检讨一下国民党分裂的经过。

国民党在民国十二年（一九二三年）打走陈炯明，孙中山又在广州挂起"大元帅"招牌之后，开始改组和联俄容共了。但在这改组之初，当权派的首领人物都是一字号"中华革命党"的老班底。他们一致认为政学系是革命党的叛徒，甘心与北洋军阀狼狈为奸的官僚。尤其令他们不能容忍的则是出任张绍曾内阁的李根源，竟在民国十二年（一九二三年）五月三日的国务会议中主张下令讨伐广东。虽然这一议案被黎元洪拒绝盖印而打消，广东国民党人对政学系实在是恨得牙痒痒的。

谁知政治是变化莫测的。国民党改组之后，党权逐渐旁落，老一辈的"中华革命党"终于变成了"右派"，而被逐出广州。民国十四年（一九二五年）中山逝世之后，广州方面竟形成汪精卫、蒋介石联合独裁的局面。在不可一世的革命风气笼罩之下，中华革命党的老领袖都已被目为"反革命"；那些依附军阀的政学系的反动性，就更不必提了。当时汪精卫所领导之下，"国民革命"的"内容"便是对外打倒帝国主义，对内打倒军阀和军阀的走狗。军阀自然就是张作霖、吴佩孚一干人了。走狗是谁呢？政学系自然也在内了。谁知中山逝世后国民党中的第一任独裁者汪精卫不久也垮台了。党权落到自称为"党中后辈"的青年军人蒋总司令之手。

当民国十五年（一九二六年）底北伐军声势如日中天之时，国民党人才所集中的左派因而便联合了共产党，对这位以枪杆起家的新领袖实行反击。这位新领袖原是一介匹夫，于三年之间一跃成为有独裁全国趋势的政治、军事领袖。因而在军事胜利一日千里，尤其是在党内党外一致围剿他之时，为着扩展力量，为着自身生存，他便发现他四周的军事和政治（尤其是政治）人才的贫乏了。他虽掌握偌大的政权和地盘，但是环顾四周穿草鞋打绑腿的忠实信徒，多半是些只能和共产党打皮拳或向老百姓喊半通不通口号的新进少年。例如当时像程天放那样一流的人，做个乡长尚且才有不济，做到江西教育厅厅长便已天旋地转了，遑论其他。但是反蒋的却都是一时俊彦，有萧、曹之才的人物。蒋公要开府东南，囊括天下，光凭几杆破枪和一些只能喊口号耍皮拳的喽啰，实不足以成大事。这位才大心细的领袖因而开始在党外人才中打主意了：上起北京政府前内阁总理王正廷和黄郛，下至上海望平街的报人如陈布雷、潘公展等，都在他的网罗之列。

（六）

不过精敏如蒋氏者，他对前来投奔的高级人员亦有其取舍的标准。第一，那时反蒋的人都骂他是"新军阀""不革命"。因此他不敢贻人口实。他选择高级幕僚总要多少有点光荣的革命历史，因此真正的前安福和直系的官僚，他也不敢乱用。第二，蒋氏所缺的是方面之才，他要真有经验有干才，能"治国用兵"的人，真脓包是不行的。第三，他一定要"用可不疑"的"忠贞"分子，在党内和他有宿怨的如左派、共产派、西山派、汪胡派，蒋均敬而远之，存有戒心，决不让其襄赞枢机。第四，也是更重要的一点，便是这种槃槃大才一定要是走投无路的亡命者。他们除依附蒋氏以取富贵之外，别处是无门投奔的；蒋氏的盛衰也就决定着他们的荣辱，只有如此，他们才会死心塌地为蒋效命。

数数这四重资格，则政学系诸公不禁捋须微笑，有舍我其谁之概了。

据当时的可靠消息，首先动这念头的便是政学系中最长于策划的杨永泰（畅卿），以畅卿之才华，恐怕在国民党左右两派中鲜有其匹。论经验，他从旧国会到广东省省长的经历，可说是内为宰辅，外为封疆，皆能"胜任愉快"。北伐初期总司令部内那批革命同志有几个能和畅卿比呢？

杨永泰

若论恩怨，蒋氏资望太浅，北伐之前，他在党内尚不够资格与政学系结怨。至于说政学系曾"倒"过"总理"，究与姓蒋的何干呢？再从政学系的观点来看，这时只有蒋氏才可做他们的救命恩人。在当时革命空气之下，政学系是人人得而诛之的"反动派"代名词；纵使"反动"的西山派得志，政学系也断无死灰复燃之理。因此在国民党之下除依附蒋氏一人之外，政学系诸公断然无路可走。就在这种特殊的"供需律"支配之下，政学系便枯木逢春了。

不过政学系在当时究竟是革命党人一致公认的"反动派"，他们树大招风，蒋氏在宁汉分立之前还不敢公开"借重"，因而首作入幕之宾的并不是政学系的主力，而是最初只能替政学系巨擘当当随员、跑跑文书的张群（岳军）。张氏是早期留学日本士官的正科生（蒋公本人的军事教育事实上尚未达到进士官的程度，其他所谓士官系要人，亦多半如此），他受有完整的军事教育。辛亥革命时，在上海隶二十三师，虽未作战，也算是有汗马功劳的志士。嗣后二次革命也因反袁而亡命，袁氏称帝，岳军亦南下从戎，任岑春煊的幕僚，后又北上襄赞教育总长黄郛。经验和训练皆是当时革命军总司令部中很难找到的。加以岳军人情练达，对政学系尤有渊源，而当时又名不见经传，别人笑骂无由，因此首承借重，南昌初下，便出任总司令部总参议，作了蒋氏朝夕咨询的智囊。随着武汉方面反蒋空气之加浓，张氏在总司令部内的重量亦随之增加。从此便做了蒋与政学系之间的第一剂二氧化锰。

（七）

当民国十五年（一九二六年）底蒋氏与徐谦（季龙）因迁都问题快要闹翻之时，蒋之唯一顾虑便是武汉方面的经济"杯葛"。对蒋氏来说，前有大敌，后无粮草，内有反侧，必然是死路一条。就在这生死关头，政学系在新的政盘上，便赌下了第一注，使蒋氏能丢掉武汉那几架印"五省通用券"的破印刷机而自立，而游刃有余。接着那自称与政学系无关而被政学系奉为神明的黄郛（膺白）被礼聘南来。（膺白非政学系的成员，因他未尝入国会，而政学系则原为国会内的政团。）膺白在微时原与蒋总司令（原名志清）有金兰之雅。嗣黄氏北上直步青云，两任总长，最后竟贵为临时宰相，作摄理内阁总理；而蒋则因为交易所倒账南下革命，只做了一名无实权的上校参谋。孰知两年之内乾坤倒转，膺白却又做了盟弟的入幕之宾。

膺白最初应聘抵赣时，在南昌总理纪念周上几次讲演，真是阖座倾服。黄是位风度翩翩、允文允武的人物。辛亥革命和二次革命时其名字是时常与黄克强、宋渔父并列的。嗣后周游列国，贵为宰辅，文名又借盛一时，交游又是蔡孑民、梁启超一流的名士。以这种人屈尊来向南昌总司令部内一批乳臭未干，平时只知喊喊口号、放放排枪的"同志"来两篇讲演，那自然难怪顽石点头了。以黄膺白这样有过全国政局经验的人，此时向阿弟总司令来借箸一筹，自然使这位新贵人茅塞顿开，而觉其左右都黯然无光了。就是这样，政学系便在这革命阵营中建立了一个屹立不动的桥头堡了。

不过黄膺白还有几分才子的傲骨，对阿弟看不顺眼时还要拿出作"王者师"的派头教训几句。加以黄氏还有几分书生气，在政治上也曾过过瘾，对党团政治亦不太热衷，因而他不愿加入国民党，以故终

黄郛（左）与蒋介石在日本

黄之世，他始终只以"客卿"身份参政，不算正式介入。至于由黄的推毂而投入国民党做官的杨畅卿的作风便完全不一样了。如果膺白算是国民党主人的"客"，畅卿就要算"奴"了。

（八）

畅卿作蒋氏的幕外之宾似早在民国十六年（一九二七年）初；但他正式作蒋的谋主则在民国十七年（一九二八年）北伐军统一全国之后。这时蒋主席正苦于二、三、四这三个集团军的尾大不掉和东北张学良归顺的有名无实，在他亲信之间无策可献之时，畅卿因缘于黄膺白与王正廷和蒋的关系，乃献上一策。据说此策颇受蒋的重视，而这一条陈则只有短短的十二个字："军事化整为零；财政化零为整。"

所谓"军事化整为零"者，便是在几个非嫡系的集团上做功夫，使其自形分化，不成为一个有系统的"藩镇"，然后中央便可"削藩"而真正统一。根据此一原则，因而有民国十七年（一九二八年）底中央政府撤销"政治分会"和召开"编遣会议"的新方案。

所谓"财政化零为整"，便是不折不扣的中央集权的统制经济。不但中央系统的税收要完全收归中央直辖，在金融管理上，政府也要"与民争利"。夫如此，则大一统帝国始可重现于今日。

但是当中央的新方案在"集权"与"分权"论战之中得不到解决，"编遣会议"又无形流产之时，畅卿的条陈便更形具体了。他看出中央之搞不出名堂来，其关键不在"处士横议"，而在"藩镇跋扈"。对症下药，畅卿因而写出一篇传诵一时、而确能不朽的"削藩论"来。这篇"削藩论"的主旨便是："以经济方法瓦解第二集团，以政治方法解决第三集团，以军事方法解决第四集团，以外交方法对付奉张。"

这是一条极为毒辣的"妙计"，置诸《战国策》中实不让古人。

试看第二集团的冯玉祥原是好强人所难的怪物。御下之严，甚于张飞。但是他的部下韩复榘、石友三，在本质上都是极易腐化的军阀。他们恨不得早日脱离冯氏，大家好过一过军阀讨小老婆、抽大烟的舒服生活。加以冯氏军多粮少，地盘荒僻，中央如以经济方法限制其发展，到适当时机再以几颗银弹打向冯氏的几个军阀部下，便可把老冯瓦解，斯之谓经济解决。

阎锡山是个标准山西票号商人，章太炎所谓"劣绅"是也。他善于打小算盘，却没有"一掷百万"的魄力，在国内以政治方法孤立阎老西，甚或设计使其与冯、张争利而火拼，实是最有效的。

第四集团的李、白，兵精将勇，剽悍善战。他们所将的都是广西山洞里带出的"子弟兵"，收买、分化皆所不易。好在他们人数有限，加以李、白皆为将有余，为相不足。搞全国政治的眼光和气魄都不能和他们的军事天才相配合。他们对讲广西话的人虽然抱得如铁桶般的紧，对不讲广西话的人是不易搞到一起的。打倒桂系连鲁涤平、唐生智都会请缨效命的。对这一集团的方法只有利用圈外人忌妒他们的心理来蛮干——"包围而歼灭之"，是谓之军事解决！

至于以外交方式对付奉张，便真叫"不择手段"了。盖张学良斯时尚拥有精兵数十万，入关问鼎，虽嫌不足，然负隅做困兽之斗则仍不可小视；如果他取得红、白两造帝国主义的背后支持，就更不易对付了。所好的张学良与两造帝国主义皆有深仇：日本对张来说是有"杀父之仇"，而苏联对张则有查抄大使馆之怨。不过日本对东北具有领土野心，与张学良不易妥协；苏联可就难说了。万一苏联与奉张释嫌修好，而血气未定的小张一旦思想前进起来，事就不大好办了。好在东北自杨宇霆死后，得势者全系一些老粗和旧官僚，一时不易转变，然为万全之计，最好挑起对俄的边衅，使小张难以安枕，则东北自然就范了。

这一篇毒辣的"削藩论"当时曾传遍海内外。有人曾怀疑它的主稿人是杨畅卿。然环顾当时国民党人才，可说是"余子碌碌"。有这种纵横天才的只蒋公和杨畅卿二人而已。蒋氏如是主动人，则腹案已足，又何必讲出来，并加上一个"削藩论"的题目呢？

再看杨畅卿，其与蒋公可说是事前毫无关系，而一旦投靠，三数年内便累迁至行营秘书长、湖北省主席。他借箸一筹之时，如无过人之处，是不可能这样平步青云的。而杨畅卿之人，论才不让苏、张，论品亦非"终身不设一谋之人"。在紧要关头，他会使出浑身解数的。所以在将来史家找到新答案之前，我们无法否认畅卿是"削藩论"的作者。嗣后，国是演变与"削藩论"中诸点尤若合符节，使吾人更不能不承认畅卿的大才与重要性了。

（九）

不过杨永泰既在国民党内以纵横之才，一跃而"后来居上"之后，他显然是看准了当时蒋氏下面的派系关系，"党"有"CC"，"军"有黄埔，他皆不易插足，而"政"却虚席以待。以旧"政"学系的基础，在中国国民党（政学系原是老国民党的成员，而与新的中国国民党无关）内来个新的"政"学系的组织，从而操纵国民党的"党""政""军"三大要项中的"政"，岂不天与人归？畅卿因而在"政"的方面，就野心毕露了。

谈政治，要立于不败之地，一定要根基牢固。换言之，政学系以前的失败，败就败在只有政客而无根本。政客只有向有力者投靠，始有政治可耍。一旦这位有力者喜新厌旧，则政学系诸公，就难免有弃妇之悲。再者，纵使诸公固宠有术，而不幸有力者本人破产亡家，或充军去了，则政学系终身谁托，也成了问题。如今政学系又在蒋氏的国民党内寄生了，但是这种寄生政策如无"群众基础"，则始终只能做个陪陪大人先生的"清客"。主人的账房、听差、马弁、厨房都会随时加以白眼的。要反客为主，只有抓到一个重要部门才行。杨畅卿显然是了解这一点的。

民国二十三年（一九三四年）底，江西红军在五次围剿之后，向西突围，国民政府威信大增。二十四年（一九三五年）三月，全国最重要的地方性的军政机关“军事委员会委员长武昌行营”成立，畅卿又升任秘书长。二十五年（一九三六年）一月畅卿正式出任封疆，出长湖北省政府。

杨永泰以旧政学系背景，投靠蒋氏幕中之后，数年之内，竟然做起省主席来，真可说是“不次之迁”了。试看CC与黄埔，这一批有汗马功劳的“嫡系”之中，有几个有这种幸运呢？如果别人处畅卿地位，可能也心满意足，作持盈保泰之想了。无奈人们的欲望，尤其是春风得意之人的欲望，是无止境的。畅卿忘记了他原无追随首义之功，只是半路投靠而已。他至此居然要挤去正室，作自我扶正的打算了。因而此时他在国民党内便开始交结一批受CC、黄埔所排挤的游离政客和军人如刘镇华、黄绍竑、熊式辉、吴鼎昌、张公权、陈仪、沈鸿烈等，外以《大公报》为喉舌，内奉黄膺白、张岳军为领袖，再加以执上海金融界牛耳的“小四行”为“经济基础”，政学系便呼之欲出了。黄埔简直成了“晚辈”，“CC”也只有招架之功！

但是这些政学系新分子中，除畅卿本人以及膺白、岳军之外，其他重要分子可说与老政学系都风马牛不相及。黄膺白虽还做过政学系的上司，张岳军以前只不过替政学系跑跑腿罢了。而黄氏此时疾病床褥，甚少露面，偶有表示，亦大有以圯上老人自居之慨，俨然是一位二十世纪的严子陵。而张氏则为人圆通，自求多福，不干众怒。所以此时事实上的领袖，则是杨永泰。不幸畅卿长于知人，却拙于自知。他不知无论“CC”和黄埔分子的才智是怎样地不逮于他，这批广州出来的究竟是时代的产儿，是在“革命”气氛下长大的，而他自己却原是“北洋”政客。国民党此时至少尚未腐化到“北洋”的程度。打绑腿、扎皮带的朋友，究竟比抽鸦片、抱小老婆的人要有朝气些。畅卿本人就是娶有两个小老婆的人，而他所要援引的"群众"和"干部"也难免是和他一样的"旧官僚"。畅卿的见识还看不到旧酒装在新瓶内并不能变成新酒。他为了和"CC"争地方政权，也组织了干部企图包办省级地方政权中的"民政厅"。不特此也，他还要在太岁头上动土，连江苏主席陈果夫下面的民政厅他也要侵占，结果闹出了大笑话。杨系新厅长因为私生活发生问题，而招致政敌的反击。

但是政学系诸公并不因此自省，他们反图运用新的权术来打击政敌。他们知道，大家的利禄既然都以一人的喜怒为依归，则就从这一人的"喜""怒"的根本做起才是最有效的。据说在一次党内大会的投票中，政学系党员的票并没有投向"领袖"，相反的却投向政敌。结果他们政敌首领的选票竟多于全党领袖的票。这一毒计竟使本性多疑的"领袖"，对政学系的政敌采取抑制的措施。政学系这一撒手锏，真的几乎连"党"也抢过来了。

殊不知这位"小有才"的杨畅卿，终不明"君子之大道也"。他自恃不凡，却不知有黄雀在后。人家既然对首义功臣尚不惜做走狗之烹，又何独爱于杨某呢？畅卿得意忘形，而不能终其天年，又岂是偶然的事？

（十）

杨氏死后，新的政学系还未组成便胎死腹中了。未几，聪明的安徽省主席刘镇华也"发了疯病"去职。能以足加天子之腹的严子陵也死了。因而再无人敢冒大不韪来重组政学系了。

　　所幸国民党对它的政策上所谓的"党外无党，党内无派"的原则自始至终，只有一半的诚意。他的领袖真在搞"党外无党"，但是却拼命地在党内制造派系，使之斗争，以便分化统治。因而不论"CC"或黄埔，对"领袖"是如何的歌功颂德，但一提到"蒋先生顽弄派系的手法"，他们也恨不得咬他一口。政学系的残余因而也在"蒋先生顽弄派系的手法"之下幸存了，而成为一些受"CC"黄埔所排挤的高级官员和军人的避难所。由于他们自始至终未形成一个具体的组织，因而也独得天眷，成为蒋氏对压制尾大不掉的强有力派系的王牌！

　　抗战将近胜利时，民主竞选之风大盛，政学系一批领袖们，顾影自怜，自认为民主政治家，却没有选民。他们又想步着先烈杨畅卿的血迹前进，来正式组织政团。默认的成员之外，他们甚至考虑到拉久与该系不睦的吴国桢、王雪艇（世杰）两君入党来增加声势。不过政学系毕竟是国民党中最聪明圆通的一群政客的无形团体。抗战胜利后最甜的两大胜利果实——东北和台湾——都已为他们所独占，不久张岳军又做了行政院长，一人之下，万人之上，他们再要组党，难道还想做皇帝不成？聪明政客们，便再也不想做民主政治家了。

　　这便是所谓"政学系"的一笔烂账。

　　（编者按：本文初稿，作者曾以笔名"刘生旻"发表于一九六一年八月至十二月《海外论坛》第二卷第八、九、十一、十二期，现应编者之请，作者予以补充修正并恢复本名交本刊发表。）

第二编　闻人过眼录

梅兰芳传稿（上）

编者按：

　　《梅兰芳传稿》系旅美史学教授唐德刚博士三十年前为纽约《天风月刊》（一九五二年八月至十月，该刊第五期至第七期）所撰之旧稿，以"思蕴"笔名发表。读者仅知这篇文章写得好，但不知"思蕴"为何许人？十五年前香港《明报月刊》创刊之初曾予转载，其后台北《艺海》杂志（现已停刊）也曾予转载，唯均不悉作者姓甚名谁。本社为编印唐教授旧作《五十年代底尘埃》一书，特觅出《天风月刊》原稿，请作者重加校订（上述两刊转载时均有部分辞句脱落）后予以重刊，一则还作者以本来面目，再则以飨本刊爱好国剧读者。香港名作家胡菊人先生在序唐著《五十年代底尘埃》时说："文章如名剧，屡屡上演，屡屡为人喝彩！"这也是本刊重刊此文的心情。最后愿附带说明者，作者写此文时年未满三十，而梅伶口述、许姬传执笔所写《舞台生活四十年》一书尚未出版，作者虽自谦为"传稿"，但其学识之渊博、资料之丰富、文笔之老到、见解之深刻，三十年后仍历久弥新，屡读不厌，而经得住时间考验。

如果男性中也有一个人可以被称作"天生尤物"的话，这个人应该就是梅兰芳！

兰芳的名字，不用说，将来定会与中国的历史同垂不朽了。他之所以能垂名史册，不是因为他贵为今日的"人大代表"，也不是因为他曾经立过什么"功"、什么"德"，足以造福人群，而是因为他获得了以男人扮演女人的成功！

一个曾经看过梅剧的苏联剧作家问中国驻苏大使颜惠庆："你们中国人为什么要用个男人来扮演女人呢？"颜说："如果以女人来扮演女人，那还算什么稀奇呢？"

兰芳现在是名满全球了！但是老实说，西方人之欣赏梅剧，恐怕多少要受几分好奇心的驱使。可是我们看惯了"男人扮演女人"的几万万中国人和日本人，为什么又对他疯狂地爱慕呢？这分明不是因为他"稀奇"，而是因为他"更别有系人心处"！

兰芳才四岁时，父亲便去世了，十年之后母亲又死了。他既无兄弟，又无姐妹，所以从小便孤苦伶仃，正如他自己所说的："世上的天伦乐事，有好些趣味，我是从未领略过的。"

幸好他还有个祖母。她悯其孤苦，躬亲抚养，至于成立。另外还有个"胡琴圣手"的伯父。兰芳七岁时便开始学戏。他那驰名的"玉堂春"就是他伯父教的。所以兰芳未到十岁就会唱"十六岁开怀是那王"了。

他们梅家在清朝咸同年间在北京便很有声名，所谓"所操至贱，享名独优"。兰芳的祖父梅巧玲身躯长得细腻洁白，肥硕丰满而善于忸怩，所以当时便以演风骚的戏出名。在《渡银河》一剧里演杨太真，能使全场春意盎然；而在《盘丝洞》里饰那和猪八戒调情的蜘蛛精，玉体半裸，尤其淫冶动人。

一个曾看过巧玲戏的人说："《盘丝洞》一剧，以梅巧玲最擅长，他人不敢演也。盖是剧作露体装，非雪白丰肌，不能肖耳。"

梅家之入京，当始于巧玲，至于他的祖籍何处，则殊无定论。《梨园轶闻》的著者许九埜说："梅胖子，名巧玲，字慧仙，扬州人。"此说殊不可靠。因为扬州是烟花旧地，中国古代诗人羡慕"腰缠十万贯，骑鹤下扬州。"又说："人生只合扬州死。"所以自古以来中国的名伶名妓都说自己是扬州人。

五四运动时代，北平学人则说梅是胡适之先生和陈独秀先生的同乡——安徽安庆人，不知何所本。

萝摩庵老人的《怀芳记》和齐如山编的《梨园影事》则说梅家是祖籍江苏泰州。此说似稍可信。

盖维扬产的艺人，都概括地说他们自己是扬州人，故有是扬州人之传说。至于安徽人一说显系无稽之谈。唯不管三种说法之真实性如何，而梅氏原为南方人则似无可疑之处。

清朝时之南伶北上实始于清乾隆帝之南巡。清高宗之南巡主要目的是为征逐声色的。所以回銮时曾违背了"祖宗家法"携回大批江南佳丽，并选了大批江南俊秀儿童带回北京预备训练作御用伶官。这些儿童同时也就被列入乐籍。

清人罗瘿庵在他的《鞠部丛谭》内说："南府伶官多江苏人，盖南巡时供奉子弟，挈以还京，置之宫侧，号南府子弟，皆挈眷居焉。其时江苏岁选年少貌美者进之。嘉庆后渐选安徽人皆纳之南府。道光后南府皆居太监，伶人乃不得挈眷矣。"蓺南生的《侧帽余谭》则说："若辈向系苏扬小民从粮艘载至者。嗣后近畿一带尝苦饥旱，贫乏之家有自愿帮共子弟入乐籍者，有为老优买绝任其携去教导者。"

至于巧玲本人是否亦以此种方式去北京的则不可考矣。巧玲在髫年时艳名即遐迩皆知。共时亦常入内庭供奉。这"天子亲呼胖巧玲"的花旦，在咸丰初年即已是捧客们征逐的对象。

不过这时正是昆曲已衰，皮黄未兴的时候。加以北方外患方亟，南方的太平军正虎踞长江之时，以故北京戏业不振，伶人的生活还很清苦。那时北京的戏票每张只卖铜钱几百文，约合后来十来个铜圆。此种情形至光绪初年还是如此。所以他们那时所最看中的生意经，便是到达官贵人们家里去演堂戏。但以巧玲之红，每回堂戏的收入亦不过十两银子，比起他孙儿和谭鑫培等在洪宪王朝时所演五百银圆一夕之堂戏，真有霄壤之别。

再者在帝王时代的中国，三千年来一向是"娼优"并列的。乐籍是中国阶级社会中的最下级品流，

幼年梅兰芳

青年梅兰芳

与外界是不通婚嫁的。《鞠部丛谭》中说："凡名伶无不有几重姻戚，盖昔时界限甚严，伶界不能与外界结姻。"兰芳的岳父王佩仙便也是个名伶。佩仙的五个女儿也分别嫁了五个出名的戏子。

在那种农之子恒为农，工之子恒为工，考究出身非常严格的社会里，他们梅家便世世代代做着优伶。但是在那个时代，做个伶人也着实不易。他要应付当朝权贵，他要敷衍地方上的恶势力，还要浓妆艳抹地去为捧客们征歌侑酒。据说梅巧玲还有几分侠气，每不惜巨金去救济那些为他捧场的寒士。所以他虽然做了四喜部头，也往往入不敷出。所以当他于光绪八年病死的时候，遗产所余也很有限。

巧玲有两个儿子，乳名叫作大琐、二琐。大琐名叫竹芬，后改名雨田；二琐名叫肖芬。他两人也继承父业习青衣花衫。大琐年少时粉墨登场也还楚楚可人。《宣南零梦录》的作者粤人沈南野当时在北京做豪客，"曾招之侑酒"，说他："既至则敛襟默作，沈静端庄类大家闺秀，肥白如瓠，双靥红润若傅脂粉，同人拟以'荷露粉垂，杏花匣润'八字。谓其神似薛宝钗也。"这位薛宝钗式的大琐就是兰芳的伯父。后来他也因"倒嗓"不能再唱，而改行为琴师。

至于二琐则一直是默默无闻，未见有人捧他，未及壮年，便夭折了，而兰芳就是二琐的儿子。所以他不但少孤，而且家境也非常贫寒。

但是兰芳一小便绝顶聪明，更生得明眸皓齿，皮肤细腻白皙，指细腰织，真是浑身上下，玉润珠圆。而最奇怪的是，他自小便生得一副谦和脆弱的气质，柔和得像一个多愁善感的少女。再配上一副清和润朗的嗓音，使他除性别之外，便是个百分之百的姣好少女。当时人说他是"以文秀可怜之色，发宽柔娇婉之音。"所以他自十二岁取用艺名兰芳——他原学名梅澜，字浣华——在北京登台以后，一鸣惊人，不旋年便捧客盈千。

须知当时北京的优伶，没有人"捧"是永远不能成名的。在那千万个捧客之中，最重要的还要有"豪客"。至于豪客，在当时的北京是所在皆是的。那儿有的是王公贵人，贝勒公子；有的是腰缠十万想到北京"捐"个知府道尹的地主富商；有的是进京会试想谋个一官半职的各方名士和新举人；有的是卸职还京，在习礼三月等候便衣殿召见的封疆大员。他们都是有钱有势的有闲阶级，客居无聊，便去包妓女，捧戏子。

清季京师禁女伶（北京有女伶系庚子以后事），唱青衣花衫的都是些面目姣好的优童。这种雏伶本曰"像姑"，言其貌似好女子也。后来被讹呼为"相公"。日久成习"相公"一词遂为他们所专有，公子哥儿们反而不敢用了。兰芳便是当时百十个"像姑"之一。

这些像姑们当然每个人都想拥有千百个豪客，借他们的财势，将来好变为红角儿。贱日岂殊众，我们没有理由能把这时的兰芳和他们分开。

但是应付这些豪客也绝非易事。他们除在园子里听戏之外，还要这些童伶们去"侑酒"去"问安"。侑酒的方式有剧妆侧侍的，也有卸妆杂座的。在这种场合下，酒酣耳热，猥亵的行为在所不免。清人笔记所载比比皆是。

《越缦堂菊话》的作者李慈铭便感慨地说："其惑者至于偏征断袖，不择艾豭，妍媸互济，雌雄莫辨。"痛骂那"布政使""学差"者流的荒淫无耻。

清季恒以男伶和女妓同列，而女妓则无男伶的身价高。因为这些豪客们有的是美人充下陈，无啥稀奇。何况女妓们多有色无艺呢？

郑振铎在《清代燕都梨园史料》的序中说："清禁官吏挟妓，彼辈乃转其柔情以向于伶人，史料里不乏此类变态性欲的描写与歌颂，此实近代戏剧史上一件可痛心的污点。"

有些像姑们除应付豪客之外，亦有以同样方式向"冤大头"们掏金的（"冤大头"三字在嘉庆时即有此俚语）。

据当时史料所载，这些"冤大头"们观剧必坐于"下场门，以便与所欢眼色相勾也。而诸旦在园见有相知者，或送果点，或亲至问安以为照应。少焉歌管未终，已同车入酒楼矣。"

这些冤大头们有的竟为他们所迷恋的伶人"筑室娶亲"耗至数万金者。亦有因破产呷醋等关系而招致杀身之祸者。所以有人作诗咏其事说："飞眼皮科笑口开，渐看果点出歌台，下场门好无多地，购得冤头入座来。"

但有时也有骗子冒充冤大头的，伶人们也常有因此失金"失身"的。

也有些寒士，因为做不起冤大头而又偏想染指，以至受辱的。其时有一老头子的寒士，自号"小铁篷道人"的，因为寻芳不遂而受管班的侮辱，他悻悻而去之后，还拿出阿Q的精神来说："道人为花而来，岂屑与村牛计较，司空见惯，殊恬如也。"至于情性相投，双方皆出于自愿者，亦殊不乏人。

这一类的社会史料，在清人的笔记内真多不可数。清季士大夫阶级荒淫的罪恶，真罄竹难书。但是这个罪恶的渊薮便是兰芳出身的社会背景。由此也可知道他的职业的性质。

写历史的人不能因为他爱慕兰芳，便剪去了那梅郎弱冠时代伤心的一页。

据说兰芳少时即"以家贫，演戏之暇，时出为人侑酒。"有一个广东籍姓冯的豪客为他"营新宅于芦草园。屋宇之宏丽，陈设之精雅，伶界中可称得未曾有。冯又延诂豪贵，往来其宅中，因之梅之名誉大著。"关于这位冯姓豪客于民国初年在北京传说尤多，今姑从略。盖那时捧梅者甚众，不必多考。

四大名旦
（前排居中程砚秋，后排左起：尚小云、梅兰芳、荀慧生）

不过时至光绪三十几年时，兰芳仍算不得是"花国状元"。他上面前辈的青衣花衫还有他的师傅陈德霖和王瑶卿，生角有谭鑫培，武生有杨小楼等。兰芳不过是当时像姑中的第一二名而已。

但那一批前辈伶人与梅家非亲即故，所以他们对兰芳也加意扶持。尤其那特蒙西后殊恩的杨小楼和谭鑫培，也时时援引兰芳为配角。有时亦偕入内庭供奉。北京人曾传说兰芳亦尝为西后面首，此说殊不近人情。至于后来传说他受宠于隆裕太后，虽亦不足信，唯征诸汉唐宫闱往事，固亦未可断其必无耳。

要不是时代有了转变，恐怕兰芳的一生便要和他的先人们一样，到了年老"色衰"的时候，凭自己以往的声名，来当一名管班，授几名徒弟，再去扶持一批小辈子侄，任达官贵人们去"捧"了。

谁知武昌城内一声炮响，大清皇室随之瓦解土崩。兰芳的命运和他的职业一样也起了激烈的转变。

兰芳在清末专唱青衣正旦,所谓贴旦。民国以后乃兼唱花衫。他本人是以皮黄起家的。但他并未忘记他梅家祖传的昆曲。《刺虎》便是他昆曲的拿手戏。

中国戏剧自宋元而后以至于他们梅家之崛起,都是昆曲的天下。自元人杂剧到吴梅所搜罗的一百四十六种"清人杂剧",骚人墨客们也着实下过了一番功夫。至于情节的动人与夫唱词的娴雅,昆曲可说已到登峰造极的程度。唯其伴奏的乐器则只以笛子为主。

就乐器方面说,中国的笛子是很原始的。它只有七个音阶,国乐所谓宫、商、角、徵、羽、少宫、少商,笛子是不能吹半音的。更浅显地说,就是笛子吹不出钢琴上黑键所发出的声音。不用说西乐中几重奏的和音笛子无法应付,就是吹个单调儿,笛子也是不能胜任的。所以以笛子为主要伴奏乐器的昆曲,唱起来也是索然寡味的。

严格说起来,昆曲是近乎话剧的。欣赏昆曲,与其说欣赏伶人的唱功,倒不如说欣赏戏剧本身的情节,熊佛西先生说得好:"大多数旧剧是只有'故事'而无'剧'的。"昆曲尤其是无啥可唱的,尽管当今还有批文人雅士如赵景深者流还在继续唱下去。

中国诗人们所欣赏的"小红低唱我吹箫",与其说是欣赏音乐,还不如说欣赏意境的好。

所以到了清朝末叶,昆曲就式微了。而打倒它的,却是由南方北传鄙俚不堪的土戏"乱弹",也就是所谓"黄腔"。湖北黄陂黄冈两县所流行的黄泥调,便是后来的第二黄。再配上微调汉调,乃成为后来的皮黄。

咸丰以后,皮黄日盛一日。同治小兴时昆曲就被打入了冷宫。老的昆伶都纷纷改业皮黄。做这个转替时代的枢纽的便是三庆班头的程长庚和四喜部头的梅巧玲。

巧玲原为昆伶，且能吹昆曲笛子三百套，但是时势所趋，他终于改业皮黄，成了京剧的开山祖师之一。不过巧玲那时所唱的京剧不但词句是下里巴人，和昆曲不能比；就是它那主要伴奏乐器的胡琴，所拉的调门也十分简单，虽然已比笛子进步多了。可是到了他的儿子雨田手里情形就不同了。以前胡琴调子中的开板——俗谓之过门——十分简单，到了雨田手里花样就多了。今日吾人所欣赏的二黄原板、西皮慢板、反二黄等等的幽美的过门，几乎都是雨田一手改良出来的。雨田因此成了梅派胡琴的祖师。

马思聪说："试问两根绳子能发出什么音来！"这是"出者奴之"的话。虽然就管弦乐方面言，我们同西方不能比较，但就一两样小玩意儿言，个人技艺的表现，我们也大可不必妄自菲薄。梅雨田的胡琴就是如此。据说他能以胡琴"效座中各人言语"。京剧是今日每个中国人都听过的。胡琴拉得好的，亦确有其超凡脱俗之处，这也是任何音乐家所不能否定的。

民国以后四大名旦的琴师，几乎全是梅派。所以兰芳不但是四大名旦之首，而其他三大名旦亦皆祖述梅家，现姑不多谈。

所以京剧到了兰芳手里，可说是天与人归。他的祖父和伯父都替他做了准备工作。他集三世之大成，再加上一己的天赋，年方弱冠，便成了举世瞩目的红星了。

再者，皮黄到了清末可说已至滥觞时代。西太后是天天要看戏的。那时戴红顶花翎，穿黄马褂的头品大员参见太后都要匍匐，仰首凝视是要犯大不敬罪的。可是戏子们在"老佛爷"面前却可随意调笑。据说在光绪初年德宗每次陪太后看戏总是侍立一旁，一次一个演皇帝的戏子出台后向宝座一坐说："咱假皇帝有得坐，真皇帝还没得坐呢！"太后听了大笑，于是赐德宗座。

一个梅家四喜部的演员，一次在内庭戏台上，拿女子开玩笑信口乱说，他对他的婆娘说："浑家，你知道阴七阳八吗？你们女人饿七天就死，咱们男人饿八天还不得死！"这一下他忘记了西太后也只能饿七天。所以慈禧听了很不高兴地说："你们男人就这样神气！老不给你赏钱，看你饿死饿不死？"所以小太监们以后常常克扣他的赏钱。

由这些事情我们可以知道皮黄在清末盛行的状况。上有好者下必甚焉，在清朝光宣之间，朝野上下几乎每人都要哼几句才算时髦。一时文人学士也以捧戏子为风流韵事，而兰芳就是这风流韵事中的宠儿。

所以罗拜在他的红裙底下的第一流名士，多不可数，而尤以清末民初的易实甫、樊樊山为最。梁启超和后进的胡适也常敲边鼓。

梅兰芳剧照·打渔杀家

在这些文人的精心策划之下，于是梅剧的内容情节，唱功、身段、灯光、布景、台词、音乐等等的进步也就一日千里（熊佛西先生在《佛西论剧》内对梅剧曾有严格的批评。这儿笔者所谈的只是就京剧本身的进化而论）。因此皮黄乃由一种鄙俚不堪的小调儿，骤然进步到雅乐之林，在中国的歌剧艺术史上写下了光彩辉煌的一页。而兰芳就是这一页的首要著作者。至于兰芳在这些第一流名士的捧客间，是否也有一二腻友，其友情是基于"灵魂深处一种爱慕不可得已之情"，如琪官之与宝二爷者，笔者就无从深考了。

清季唯有天津和上海的租界内才有唱皮黄的女戏子。唯当八国联军的混乱期间，天津的女戏子乃乘间入北京演唱而大受欢迎。后来两宫回銮时，当局也就默许了既成事实。女伶既兴，则在北京很多唱青衣的男伶都被那

梅兰芳剧照·黛玉葬花

唱青衣兼唱花衫女同行挤下去。在民国初年此种情形尤为严重。于是兰芳在各方怂恿之下，在大名士显宦的捧场中，也开始唱起花衫来。青衣贴旦是专究唱功的，而花衫则唱做兼重，为投时好，为求雅俗共赏，为与风骚的女同行争生意，则兰芳唱起花衫来，其任务也就益形繁重了。

为完成这一个繁重任务的第一要义就要举止淫荡。要拼命地"浪"，要浪得入骨三分，要浪得如贾琏所说的"使二爷动了火"。你别瞧兰芳"文秀可怜"，他浪起来可也真够劲。他的女同行想把他挤下去，显然是蜉蝣撼大树。

当他于民国二年在北京怀仁堂唱"小尼姑思凡"时，华北为之轰动。上自总统、内阁总理、各部总长，都夹在人丛中挤眉弄眼。在前三排的席次内，你可找到道貌岸然的蔡元培，一代文宗的梁启超，状

元总长的张季直。在"小尼姑"春情荡漾时，你也可看到这批胡须乱飘的老人家们的眉梢眼角是如何的随之秋水生波。

他这一浪，那一批捧他的文人学者们固然为之心荡神移，而那批头插毛帚，代清朝王公贵人而起的新统治者更是想入非非。于是梅郎的命运也随之浮沉曲折进入了新阶段。

不特此也，那一向视好莱坞大腿如粪土，而却嗜梅剧成癖的美国驻华公使，为艺术而艺术竟也大捧其场来。于是兰芳的博士方巾，这时虽尚远隔万里烟波，而也就隐约在望了。

在清末，兰芳虽已声名大著，他说起来他总是老伶人谭鑫培、余叔岩辈的配角。可是辛亥革命以后这情形就不同了，按梨园旧习，旦角本是最卑贱的，元曲如此，昆曲也如此，可是到兰芳成名时，这旧习内也起了革命，尤其是民国二年兰芳第一次南下到了上海之后。

北京人听戏是很别致的。在那陈设简单，座位稀少的戏园内，有的竟然放了一张张笨重的八仙桌，观众绕桌三面坐。老行家们听戏总是双目半闭，侧身而坐，一手抱茶壶，一手敲板眼，他们是在"听"戏。听到奥巧处，他们会不约而同地把桌子一拍，叫声"好！"所以戏子们在北京虽然也要色艺兼重，而唱功则为首要。

在上海就不同了。碧眼儿为我们带来了新式的舞台，大到能容一两千人。再者北京的"良家"妇女是很少进戏园的，上海却不然，那硕大的戏院内却挤满了领子比颈子还高的太太小姐们。这些海上仕女是不懂什么二黄西皮的，她们来的目的是"看"戏。"听"反而变为次要了。所以兰芳民国以后之兼唱花衫，与他一九一三年之南下是很有关系的。

抑有甚者，上海是吴侬的故乡，江南佳丽，多如过江之鲫，她们到这洋化的戏院来，都打扮得花枝招展争奇斗胜。可是当兰芳在上海演天女散花时你可看到，在那一阵急促的三弦和琵琶声里，只见那后台"出将"的绣帘一飘，下面闪出个古装仙女来。在那灿烂的灯光下，她一个食指指向须边向台口一站，那全院小姐太太们的脸顿时都显得黄了起来。就凭这一点，兰芳在上海立刻就红起来了，别的就不必提了。

梅氏皮肤的白皙细腻和脸蛋儿的姣好动人，是尽人皆知的。任何自命不凡的东方女子，在这场合下和他一比，都自觉粗糙不堪。至于一个男人何以能有如此的"花容月貌"呢，那只能追问上帝！因为他实在是天生的尤物。

艳名南传之后，兰芳回到北京益发身价十倍。其后他便常常以花旦戏作压轴戏。捧他的人，不消说，也不像清末王公之对待像姑了。军阀官僚之外，出入于兰芳之门的，多的是进士、翰林一流的遗老和学成归国的欧美留学生。老状元张季直即以"三呼梅郎"而闻名海内，梅党中的樊樊山、易实甫捧得益发起劲。而他们中捧得最具体的则是齐如山。

齐君在清末即已有文名，后来以捧梅甚力，竟然做了入幕之宾，专门替兰芳编戏。在这些知音律的文人们幕后主持之下，京剧乃因兰芳而高度的发展成了雍容华贵的艺术。

前已言之，京剧本源于"乱弹"。"乱弹"者，乱弹一阵也。清代因北京五方离处，各地来的人各有所好，所以北京各种地方戏皆有，秦腔、梆子、黄腔、汉调……无不具备。后来伶人每每综合演唱，以娱籍贯复杂的观众，而"乱弹"就是这联合阵线的总名。就是在梅家上两代，"乱弹"还是乱弹的联合阵线，没有完全融化，到了兰芳成名的时代，这乱弹才真正地统一，成了个整体的艺术。因兰芳而盛行一时的曲牌南梆子，就是出于梆子腔，西皮则出自秦腔。

梅兰芳剧照·牡丹亭

须知"乱弹"本出自中国农村。京剧内的大锣大鼓本也是为着适应野外演唱用的。所以一切现代化的所谓舞台布置等等,都为当时社会条件所不许。不得已而求其次,他们乃想以身腰四肢动作作为发生某种事件的象征。但是如一味在台上无规律的乱动也不太雅观,聪明的民间艺人们乃定出许多种式样来,如抬腿表示上楼,低头表示进门等等。

西方大规模的舞台布置也是大都市兴起以后才有的事。有了现代化的经济制度,才有现代化的舞台设计。所以如果我们以现代化工商业的社会做着眼点,胡乱地来批评以农村经济作背景的京剧,是缘木求鱼。洋人之批评中国旧剧就犯了这毛病。胡适之先生也跟着说中国的戏剧艺术是在樊笼中发展的。这都是忽略社会背景的皮相之论。

兰芳的导演们,不用说是基于这个传统来替他设计改良的。首先他的戏剧内容被改弦更张了。英雄美人的故事不再像"乱弹"中的俚俗,字句也有了改善。比起王实甫、孔尚任来,齐如山的《缀玉轩词》虽俗不可耐,但较之乱弹中的"昨夜一梦大不祥,梦见了猛虎入群羊……"一类的字句,则典雅多了。

至于兰芳的行头,文武场面,跳舞姿势,也都找了历史的张本。迷人最深的手指,也都经过深刻的研究。

乱弹中的地方乐队,不用说,也被大大地改组合并,其他的古乐器，也被择优加入了。所以兰芳的后台不再乱弹，相反的，他组织了一部中国的奏乐班，震耳欲聋的武场也有适当的约束。同时，为兰芳伴奏的乐师也都是一时之选。徐兰园的京胡，王少卿的二胡，都是国手。这一徐一王的合作，京剧乃有双琴和五音联弹制度的出现。梅派青衣中最出色的南梆子，几乎就是以二胡为主，京胡为辅的。

你听到梅曲南梆子中的"……轻移步，走向前，中庭——站定，猛抬头——见碧——落……月色——清明——……"你就可听出这一步改良的重要。

从世界进步的音乐观点来看，中国旧剧中的伶人不是在以声带唱，而是在以舌头念。兰芳固亦深知其弊，所以在他与世界进步的乐理发生接触以后，他的发音的部位也有重大的转变。酷好梅剧的英文《中国戏剧概论》的作者苏格尔就说梅氏深受西洋艺术的影响，他把现代进步的戏曲原理吸收到中国旧剧里面去，却没有损及中国旧剧古色古香的传统。所以兰芳一开口，不用说一般优伶会变成哑子，就是其他三大名旦也望尘莫及。

所以，就是世界上要求最苛刻的音乐鉴赏家，也不得不对梅曲加以推崇。试看兰芳在一九三〇年离开纽约以后，胜利唱片公司中他的唱片销行的盛况，你就可知道的。

梅剧中的编导演唱自然也不能

梅兰芳剧照·贵妃醉酒

说没有缺点。徐慕云在《中国戏剧史》中就指摘梅兰芳不应用南梆子来唱《三娘教子》。凡此非关本题，今姑从略。

兰芳的花旦戏，经过一批文人的匠心，也有了大大的改善。他能演得既乐且淫而俗不伤雅。后来醉酒的杨贵妃比以前思凡的小尼姑也高明多了。

在《太真外传》里，你看在华清池赐浴之后，那玉环妃子在百花亭畔，喝得七分酒意。想起那胡须满腮的老头子，不能不使她失望，在那白玉台阶边，她徘徊上下，酒兴催人，情难自已。她把双手紧紧按住腰下，懒洋洋地躺在台阶上，眉尖下泄露出最淫荡的眼光来。这时台后的乐队打低了调子，以二胡三弦为主，奏出一段悠扬的"柳腰锦"，接着板鼓笃落一下，京胡提高了调子，转入二黄倒板，再转顶板，她醉态酣痴地唱道："……这真是酒不醉人人自醉，色不迷人人自迷……"这时万缕春情自丹田内涌出，她委实不能自持了，不禁柔弱无力地举起手来，叫道："高——力士……卿家在那里？……"谁知那聪明的中国皇帝早就料到这一着。那在一旁爱莫能助的太监高力士，应声轻轻跪下道："娘娘……奴才……不……不……"她再举起手来招一招，叫道"力——士。"

在这娇滴滴的声音里，舞台下千百个观众不觉都停止了呼吸。千百张"剧情说明书"被人们不知不觉地搓成无数个小纸球。性子急的男士们这时恨不得一跃上台把高力士推向一边；女观众们也同样地局促不安起来，因为她们知道演这个痛快淋漓场面的不是女性的杨玉环，而是男性的梅兰芳！

就在这紧张的几分钟内，有的女士们竟被人在手上顺走了钻石戒指；老太爷们也有被小偷在这时割去了狐皮袍子后面的下半幅。

那坐在前排的英、美公使们，也不禁紧紧地拉住他们身边"密赛丝（Mrs）"们的手，轻轻地叫一声"汪达否（Wonderful）"。在他们洋人面前唱京戏，本是对牛弹琴，但在这场合下，纵使是牛也要为之情思荡漾的！据说美国驻华公使芮恩施就是因此而向徐世昌总统提议邀请兰芳游美的。

那在台下看得出神的诗人易顺鼎，这时也"烟丝披里纯"一动，做出一首"万古愁曲"来。他说："此时观者台下百千万，我能知其心中十八九，男子皆欲娶兰芳以为妻，女子皆欲嫁兰芳以为归，本来尤物能移人，何止寰中叹稀有，……吁嗟乎！谓天地而无情兮，何以使尔如此美且妍？谓天地而有情兮，何以使我如此老且丑？"

吁嗟乎！看过兰芳的戏，而自叹"老且丑"者，新夫妇尚且不免，况易老夫子乎！

真是像演《贵妃醉酒》这一类的戏，如演员们自己的禀赋内，没有这种纵是女性也少有的浪劲，是不能体会得那样淋漓尽致的。但是梅兰芳这个尤物，他就能模拟得惟妙惟肖。

梅兰芳传稿（下）

不过，梅郎的天赋，就只此而已哉？不！过了廿四小时，你可再看他那缠绵悱恻的《霸王别姬》。

这儿是在万马军中，那个盖世英雄的西楚霸王被十万汉军围困在垓下。众叛亲离的结果，现在是四面楚歌，灭亡就在旦夕。在这种绝境里，唯一对他忠贞不移的，便是那个随他转战十余年的妃子，温柔多情的虞姬。可是现在这一对英雄美人已到了最后生离死别的时候了。

当时绣着一株硕大梅花的绣幕缓缓地卷上时，你可看到在那连宵突围不成，现在倦极而卧的彪形大汉的身旁，徘徊着一个我见犹怜脆弱的女子。这时是月到中天，隐约可听出四周喊杀之声。在这个凄凉的军帐内，为让他休息一忽儿，她默默地走出帐外，时当初秋天气，真是"云敛晴空，冰轮乍涌，好一派新秋光景……。"要不是国破家亡，这一番夜色该多值得流连。她徘徊在月光之下，心乱如丝。这时后台的乐队奏出了幽怨的二黄南梆子。她清晰地唱道："……大王爷，他本是，刚强成性，……屡屡地进忠言，他总不听……"她不禁思潮起伏，愁爱交煎。

忽然武场内敲起"东——仓",接着便是一阵大锣大鼓,一阵楚歌声,敌人已杀进城来。她仓皇地逃入帐内,忙叫"大王——醒!"

那个余威犹在的项王,一觉醒来,知情势已到最后关头。现在他俩是被困在十万军中,项王所余数十骑耳!挟一个柔弱的虞姬一道突围,势所不能;撇她而去,于心何忍。英雄有泪不轻弹,只因未到伤心处。此情此景,纵然是西楚霸王,也不禁热泪盈眶,发出了哀鸣。那花脸紧紧地拉住她的手,悲壮地唱道:"十余年,说恩爱,相从至此,眼见的,孤与你,就要分离……"但是在他身边那个依依不舍的小鸟,却仍然凝视着他,叫着"大……王……呀!"

也就在这一声里,不知道有多少个观众的手帕为之湿透了。

在二十四小时之内,你可看到兰芳由一个浪劲十足的杨玉环变成一个以身殉情的虞姬。这是人类性灵中相反的两面,但两个都达到了极端,没有这种天赋的人,是模拟不出的,而兰芳的禀赋中便蕴藏着人类性灵最高境界中的无数个极端。所以他无论模拟那一种女性美,都能丝丝入扣,达到最高峰。

那些只会"拥而狂探"(用沈三白语)的碧眼黄须儿,对我们以男人扮女人的旧剧摇头长叹,那只能怪他们自己浅薄,他们就是所看非人。试问今日天下有几个女人,比我们的梅兰芳更"女人"?如果女性演起来,还没有我们男性的女人够劲,那凭什么女人要独霸女性的艺术。

你看那以"劈""纺"出名的梅郎女弟子,言慧珠、童芷苓,和五十多岁的师傅同时在上海登台,青不能胜于蓝,就是明证。

民国初年,北京女伶之禁大开,但是千百个女伶,就是这样地在兰芳面前垮下去了。一九一七年,二十七万的北京观众把兰芳选为全国第一名旦。如在清末他就是"花国状元"了。

1919 年，梅兰芳访日期间演出《天女散花》

同年，那与我们有同好的日本人，重金礼聘，把兰芳接到东京去。在那辉煌灿烂号称远东第一的东京大舞台开幕典礼中第一个卷帘而出的不是旁人，正是我们的梅兰芳！

在日本几个月的勾留，六千万的日本人为他疯狂起来。本来事也难怪。须知那坐在第一号包厢内的皇后和公主们所穿的服饰，也不过是那被三万日本派往唐朝的留学生带回去的、长安市上妇女所穿的式样罢了，和我们长生殿内杨贵妃所穿出来的"宫样"如何能比。

男子不必提了。日本少女们则尤为之颠倒。盖日本女子本即羡慕中国丈夫，兰芳一来正搔着痒处。她们被弄得如醉如痴。有的干脆痛快淋漓地写起情书来。那些芳子、蕙子们把兰芳哥哥叫得甜甜蜜蜜。梅郎返沪后，她们好多都丧魂失魄，整日价愁思睡昏昏。由于日本仕女对兰芳的爱慕，日本权贵于一九二四年，又把梅郎请去一次。东京不比纽约，梅氏在日本是可长期演唱的。但梅郎究竟不是樱花，东瀛何福消受。他之匆匆去来，真是留得扶桑，薄幸名存。

　　日本归来后，不用说，兰芳已是远东五万万人所一致公认的第一艺人了。但是，就在兰芳东渡之前，他已是北京罕有的"阔佬"了。民国三、四年后，梅氏每天的收入是自五十元至一百元不等，至于千元一晚的特别演出，还不在计算之列。外交宴会，绅商酬酢，几乎非有兰芳出演便不能尽欢。到北京游览的外籍游客非一访梅宅不能算到过北京。瑞典皇太子格斯脱，印度诗人泰戈尔均曾踵门造访。生意经最足的美国华尔街大亨，对梅氏也一掷千金无吝色。一九一九年美国一批银行家结队作北京之游，请兰芳演唱了三十分钟，他们便奉赠酬金美钞四千元。论钟点算，这恐怕是世界上艺人收入的最高纪录。那在一旁看得目钝口呆的美国穷文人苏格尔说，这是千真万确的，因为这个数目就是开这张支票的人告诉他的。须知那善于"把生意当生意做"的美国大亨是最考究一分钱一分货的。如果无所获，他们就是拔一毛而利天下亦不为也。

　　但是这时的梅兰芳没有因成功而自满，或是因多金而以富贵骄人。他孜孜不倦，勤于所习。在北京深居简出，外人在舞台之外，很少看到他。欧美画师，想替这位名人画一两张速写像也很难如愿，据说是因为梅郎羞怯，不愿多见生人。

　　他于练习本行技艺之外，也勤于习字画画。兰芳写得一手秀如其人的柳字，也能画几笔疏影横斜的梅花，出手都很不俗。

　　他不烟不酒，起居饮食甚有规律，私生活十分严肃。对他一举一动最好猎奇的欧美记者，也都说他没有沾染丝毫不修边幅的习惯，并且和他接谈之后，大家都有个共同印象，说他像一个极有修养的青年学者。

　　不过兰芳究竟是一代风流人物，于两性之间，难免也有佳话流传。被动的不算，主动的则有他与余派须生、名坤伶孟小冬的恋爱故事，这是尽人皆知的。为此兰芳家庭中也曾闹倒过葡萄架。那为兰芳作伐的人，也因此在脸上被抓出个永志不忘的疤。这些，在兰芳出身的社会里，本是贤者不免的事，不必大惊小怪。

就在这样平凡而不平凡的生活里，兰芳在北京一年年地过下去。他的身价自然是与他的唱片一样，与日俱增。但在他的歌声里，世界和中国的政局，都有了沧桑之变。尤其是"北京王"的兴衰。短短的十来年内，他看过袁世凯、张勋、曹锟、吴佩孚、段祺瑞、冯玉祥……的此起彼伏。但每个北京王对他总都有着同样的爱护，兰芳对他们当然也无心拒客。至于后来人传说他与二张——张作霖、张宗昌——的特殊关系，则难免言过其实耳。

岁月不居，革命的浪潮终于冲到华北，北伐军于一九二八年进了北京，北洋军阀便连根结束了。北京改为北平以后，兰芳才第一次挣脱了与中央执政者的直接关系，其后他才逐渐掌握了自己的命运，不再受达官贵人们操纵了。

国民政府定鼎南京之后，兰芳出国献艺之旧念复萌，于是乃正式筹备起来。为适应西方观众的嗜好，为启发他们对东方艺术的认识，兰芳的旧剧需要彻头彻尾的整理和改编，任务之繁重，自不待言。

而其中最重要的，却是要把中乐西谱，以便洋人按图寻声。北京大学音乐系的刘天华教授乃接受了这一项繁重的工作。经过一批中西乐家的长期合作，刘教授把兰芳的几支名歌都五线谱化了。西皮谱入F调，二黄谱入E调，南曲则谱入D调。一板三眼，自然是四分之四拍……毋待多言。

不过皮黄唱起来，有好多地方是不拘拍节的，也可说是有眼无板吧。如摇板，散板，乃至倒板等伶人开口前，乐队的指挥——板鼓师——就挂起了云板，以双手打板鼓，随唱者声音的高下缓急无定。

1930 年，梅兰芳赴美演出嘉宾合照

1930 年，梅兰芳在美国剧院演出《铁冠图·刺虎》

而唱者也可以尽量发挥天才,不受拍节的拘束,这是京剧上的优点之一,但是五线谱却无法谱出。还有如京剧中唱西皮慢板是中眼起,中眼落,而不起初板,这与五线谱的格律也有格格不入之处……凡此,刘教授都别出心裁地把五线谱中国化了。然后再用中英文分别印出。另外北平的一些诗人学者名流几乎全部动员捧起场来。党国元老李石曾和五四时代反对旧剧最卖力的新诗人刘半农,都特地撰文为国乐和旧剧辩护。在这一批新旧两派文艺学人的通力合作之下,这才把京剧真正的国粹化了。

经过年余的筹备,兰芳终于一九二九年终,偕了二十一名同行,登轮赴美了。在上海欢送的也是一时名流硕彦。

纽约这边,由美国故总统威尔逊的夫人领衔,也组织了一个赞助委员会。这时太平洋两岸人士都拭目以待这个东方艺术考验时日的到来。

沿途经过一番热烈的欢迎,兰芳一行,乃于一九三〇年二月八日到了这五洋杂处的世界上第一个繁华的大城——纽约。

兰芳抵纽约后,下榻于泼拉莎大旅馆。在这同时期来美的尚有日本及西欧各国的演员。但纽约的新闻界则对梅剧团较为注意,这不是因为他名震远东,也不是因为他后台有美国名流的赞助,最主要的还是因为他以"男人扮演女人"的"怪事"。

在一番例有的酬酢之后,梅剧团乃正式订于二月十七日于纽约百老汇第四十九街大戏院上演。

在这纸醉金迷的纽约,这一考验真是世界瞩目,除却巫山不是云,纽约人所见者多,一般居民的眼光,都吊得比天还高。好多美国亲华人士,在兰芳上演前,都替他捏把汗。

在出演前两天,那一向自认为是一言九鼎的《纽约时报》,对兰芳的报道便吞吞吐吐。时报的两位剧评家厄根生和麦梭士对兰芳在远东的成就曾加推崇，至于将来在纽约的前途他们都不敢预测。时报并以半瞧不起的口吻告诉纽约市民说，你们要看东方的戏剧，就要不怕烦躁，看躁了，朋友，你就出去吸几口新鲜空气……云云，又说梅氏扮成个女人，但是全身只有脸和两只手露在外面。这显然是说看了纵横在海滩上十万只大腿还不过瘾的纽约人，能对这位姓梅的有胃口吗？哼……

看这味儿，梅氏还未出台，这纽约的第一大报，似乎就已在喝倒彩。这是兰芳有生以来第一次没有把握的演出，他自己当然是如履薄冰，不敢乱作广告，在任何场合，他总是谦恭地说是来新大陆学习的。中国艺术虽然博大精深，而他自己却是中国的末流演员。如演出成绩不好，那是他个人技艺太差所致。

二月十七日晚间，他在纽约正式上演了。这天还好卖了个满座。第一幕却由兰芳亲自出马。那是一出由《汾河湾》改编的《可疑的鞋子》，是薛仁贵还窑后看见柳迎春床下一双男人的鞋子而疑窦丛生的故事。在那中国女译员杨秀报告了剧情之后，观众好奇地笑了一阵。

这是一个丈夫出去十八年还没有改嫁的中国女子的故事。那些穿着个布口袋黄黄瘦瘦的中国女郎们，纽约人是看惯了的。这天晚间他们是好奇地在等待另一个黄黄瘦瘦中国女郎的出现。

戏院中灯光逐渐暗下来，一阵也还悦耳可听的东方管弦乐声之后，台上舞幕揭开了，里面露出个光彩夺目的中国绣幕来。许多观众为这一幅丝织品暗暗叫好。他们知道哥伦布就为寻找这类奢侈品才发现美洲的。

绣幕又卷上去了，台上灯光大亮，那全以顾绣作三壁而毫无布景的舞台，在灯光下，显得十分辉煌。这时乐声忽一停，后帘内蓦地闪

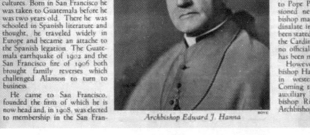

旧金山当地报纸刊登的梅兰芳剧照和演出的新闻

出个东方女子来。她那蓝色丝织品的长裙，不是个布口袋。在细微的乐声里，她在台上缓缓地兜了个圈子。台下好奇的目光开始注视她。

只见她又兜了个圈子到了台口。在变幻灯光下飐飘走动的她，忽地随着乐声的突变，在台口来一个Pause，接着又是一个反身指。这一个姿势以后，台下才像触了电似的逐渐紧张起来。

也就在这几秒钟内，观众才把她看个分明。她的脸不是黄的，相反的，她的肌肤细腻的程度，足使台下那些涂着些三花香粉的脸显出一个个毛孔来。

她那身腰的美丽，手指的细柔动人都是博物馆内很少见到的雕刻。脸蛋儿不必提了，兰芳的手是当时美国雕刻家一致公认的世界最美丽的女人的手。

这时舞台上的她，诚然全身只露出小小的两个部分来。然而这露出的方寸肌肤已如此细腻诱人，那未露出的部分，该又如何逗人遐想呢？

音乐在台上悠悠扬扬地播出。"儿的父，去投军……"他们是不懂，但是声调则是一样的好听。她那长裙拂地的古装，他们也从未见过，但是在电炬下，益发显得华贵。

台上的她愈看愈贵族化起来，事也难怪，她原是个东方的贵族，相府里出来的小姐。你看看台下那一个个呆若木鸡，深目多须的家伙，原只是一群虬髯客和昆仑奴。相形之下，她的雍容华贵，不是良有以也吗？

随着剧情的演进，台下观众也随之一阵阵紧张下去，紧张得忘记了拍手。他们似乎每人都随着马可·波罗到了北京，神魂无主，又似乎在做着"仲夏夜之梦"。

直等到一阵锣声，台上绣幕忽然垂下，大家才苏醒过来，疯狂地鼓起掌来,人声嘈杂,戏院内顿时变成了棒球场。直至把她逼出来谢场五次,人声才逐渐安定下来。

这晚的压轴戏是《费贞娥刺虎》。这一出更非同凡响,因为这时台上的贞娥是个东方新娘。她衣饰之华丽、身段之美好,允非第一出可比,台下观众之反应为如何,固不必赘言矣。

曲终之后,灯光大亮,为时已是夜深,但是台下没有一个人离开座位去"吸口新鲜空气"的。相反的,他们在这儿赖着不肯走,同时没命地鼓掌,把这位已经自杀了的贞娥逼出来谢场一次接着一次,来个不停。尤其是那些看报不大留心的美国男士们,他们非要把这位"蜜丝梅"看个端详不可。

最初兰芳是穿着贞蛾的剧装,跑向台前,低身道个"万福"。后来他已卸了装,但是在那种热烈的掌声里,他还得出来道谢。于是他又穿了长袍马褂,文雅地走向台前,含笑鞠躬。这一下,更糟了,因为那些女观众,这时才知道他原是个"蜜丝特"。她们又非要看个彻底不可,并苦苦地央求他穿着西服给她们看看。

须知乱头粗服,尚且不掩国色,况西装乎。女要孝,男要皂,穿着小礼服的梅郎,谁能同他比。观众们这时更买来了花,在台上献起花来,台下秩序大乱,他们和她们不是在看戏,而是在闹新房,并且还要闹个通宵。

最后还是戏院主人出来,说梅君实在太疲乏了,愿大家明日再来,群众始欣然而散。综计这次兰芳出去谢场竟达十五次之多。

一对当时在场参加闹新房的美国夫妇,在二十年后的今日,和笔者谈起这事来,还眉飞色舞不止。

第二天早报出来后,纽约就发起梅兰芳热来,这个"热"很快就传遍了新大陆。

梅兰芳访美期间与卓别林会面

纽市第四十九街的购票行列，不用说是绕街三匝，纽约的黄牛党也随之大肆活跃，黑市票卖到二十多块美金。最初梅剧团的最高票价是美金六元，后来也涨至每张十二元。（这是一九三〇年的美钞！）

纽约人本是最会使用白眼的，但也最善于捧场，兰芳于二月十七日一夜之间便变成纽约的第一号艺人，以后锦上添花的事情就说不尽了。

他原计划在纽约献演两个礼拜，后又增加至五个礼拜。兰芳的艳名，这次是从极东传到极西了。这时他又成了纽约女孩子们爱慕的对象。她们入迷最深的则是梅君的手指，他的什么"摊手""敲手""剑诀手""翻指""横指"……都成了她们模拟的对象。你可看到地道车上、课堂上、工厂内、舞场上……所有女孩子们的手，这时都是梅兰芳的手。

有的女孩子们，能拿了一束花，在梅氏旅邸前的街道上等他几个钟头，最后洒他一下，然后羞怯地逃走的，使我们不禁想到中国古代掷菓盈车故事的真实性。

纽约更有某名媛因为爱慕梅氏，曾想尽千方百计，最后才把梅氏请到她郊外的私邸中去做一宵之谈。因为梅氏这时是三十六岁半，她特地手植梅花三十六株，为梅郎祝嘏。这时她的心目中，不消说，自然是"一愿郎君千岁，二愿妾身长健"了。

在纽约的五个礼拜之后，兰芳在美声名大奠。以后所到之处，无不万人空巷，没有警车前导就不能举步。他由纽约而华府，而芝加哥，而旧金山，而好莱坞，而洛杉矶，沿途所受欢迎盛况空前。

就当兰芳访美之行已至尾声时，美国西部两大学——波莫纳学院和南加州大学——乃分别于五月底六月初旬赠予兰芳名誉博士学位。于波莫纳的授予典礼中兰芳并曾发表过动人的演说。

梅氏之荣膺博士头衔，国人之暗于西方学制者每有微词。有人甚至说"海外膺衔博士新，斯文扫地更无伦。"殊不知美国大学此举是十分审慎的，那与校誉与学生出路皆有重大关系。被赠予者须先经舆论界与学术界一致认可，则学校当局始敢提议。兰芳在纽约之演出，纽约人多少还拿几分生意眼看他，说他生财有道。因为在纽约掘金世界驰名的百十个戏子中，梅君不过其中之一耳。

可是在梅氏出演的几个星期之后，他的营业性却渐渐为学术性所代替。其后沿途招待兰芳的，学术界占了最重要地位，试看哥伦比亚、芝加哥、加州等名大学教授会的欢宴，各大学校长、博物馆长与兰芳往还的名单以及纽约国际公寓欢迎会中世界各国的留美学生对他的评论，你就知道他的博士头衔并不是偶然得来的。兰芳在美享名是自东而西的，所以赠予他博士头衔的光荣，就属于西方两个大学了。

笔者写到这儿，不禁掷笔兴叹。试看梅兰芳的一生，有几个"上流"人士曾真把他当做个伟大的艺术家来崇敬过？有之，则是这一般美国大学里的老教授们罢了。何怪他每提到波莫纳便面有喜色呢！

梅兰芳游美是中国现代史上的盛事。齐如山君虽曾出版过一本《梅兰芳游美记》，而当时想无专人主共事，外国语文似亦未能纯熟运用，以故齐氏的小册子写得十分潦草，而且错的地方也很多。笔者曾将英文资料稍事翻阅，唯以事忙无暇深入，亦殊以为憾耳。

当一九三〇年夏季兰芳自海外载誉归来时，祖国已残破不堪。翌年东北即陷敌，故都城头上的敌机更是日夜横飞。接着又是"一·二八"淞沪血战，倭患日亟。北平距敌人的枪尖最近，居民无心看戏，有钱人更纷纷南下。因之梅氏演戏的对象亦转以南方为重，带着他的剧团随处流动。这时已没有张宗昌一流的军阀和他为难，他过着自由职业者的生活，政府对他不闻不问。但是北方毕竟是梅郎的

美国波摩那学院授予梅兰芳荣誉文学博士学位

故乡，那儿有他的祖宗庐墓，亲戚故旧。逢年过节，那儿更有大批挨饿的同行在等待着他的救济。祖师爷庙上的香火道人，也在等着梅相公一年一度的进香。

所以每次当兰芳所乘的飞机在南苑着陆时，在那批名流闻人和新闻记者的后面，总是站着些须发皓然，衣衫褴褛的老梨园。在与那些"名流"阶级欢迎人员握手寒暄之后，兰芳总是走到这些老人们的面前，同他们殷殷地握手话旧。他们有的是他父执之交，有的是他的旧监场，现在都冷落在故都，每天在天桥赚不到几毛钱，一家老幼皆挣扎在饥饿线上。他们多满面尘垢，破旧的羊皮袍子上，虱子乱爬，他们同这位名震全球的少年博士如何能比！

当他们看到这位发光鉴人、西服笔挺的美少年时，不由得都一齐蹲下"打千"向梅相公"请安"。兰芳总是仓皇地蹲下，把他们扶起。对他们嘘寒问暖，总是满口的大爷、老伯、您佬……像一个久别归来的子侄。二十年前旧板桥，今日的梅畹华博士还不是当年在他们面前跳来跳去的梅澜吗？

你怎能怪，当梅氏的汽车一响，那批天桥人都扶老携幼地围拢过来，老人家们更叫过孙子来向梅叔叔叩头呢！每逢严冬腊月，当兰芳把孝敬他们的红色纸包儿（那里面的蕴藏往往超过他们几个月的收入）递过去时，你可看到那些老人们昏花的眼角内涌出丝丝的热泪，透过蓬松的白色胡须，滴到满是油渍子的破皮袍子上去。

梅兰芳是何人？他是全球瞩目的红星，是千百万摩登青年男女的大众情人。但不要忘记，他更是这批老人家们的心头肉，掌上珠呢！

就在这时，国际政潮有了波动。苏联禁不起日寇的压力，把中东路卖给了伪满，这一国际间的无耻行为，引起了全国上下的愤慨。斯大林为冲淡中国人民的反苏情绪，特地电邀梅博士和胡蝶女士一道至莫斯科演技。于是兰芳乃有一九三五年的访苏之行。

政治尽管总是丑恶的，艺术毕竟还是艺术。梅氏资产阶级的艺术，对那无产阶级国家的国民，也居然有空前的号召力。莫斯科大戏院前排队的群众，不下于纽约的四十九街。迟至一九四九年，苏联剧作家西蒙诺夫还不得不说："过去梅兰芳先生在苏联演出引起了绝大兴趣，其影响至今不衰。"（见一九五〇年中华书局版《人民戏剧》第一卷第二、三期第五十页。）

在苏联的演出，又获得另一佐证，那就是一个真女人——胡蝶，在一个假女人面前甘拜下风了。那布口袋上一个小酒窝（德国人为胡蝶所作的漫画）的魔力，远没有梅氏的大。她至多吸引了些异性的眼光，不像兰芳之受两性爱慕也。胡蝶的《夜来香》不用说更抵不上梅氏的南梆子了。

苏联归来后，国难益发严重了。二十六年夏季，倭寇果然发动了全盘的侵华战事，故都瞬即沦陷。这一只近百年来受尽屈辱的睡狮，这时忽然发出了近千年来罕有的吼声，抗战开始了！

而这时政府也为这抗日的万钧重担压得喘不过气来，故亦无暇来发动这批艺术家了。在这存亡绝续的关头，不是为着抗日，谁还有心在后方唱戏！于是兰芳只好随着逃难的群众，避到香港去。所以以后在报纸上除偶尔看到点"梅郎忧国"的消息之外，他是不唱戏了。

战局一天天地恶化，我们长江大河般的鲜血，抵挡不住敌人野蛮的炮火。几十万、几百万的青年在前线前仆后继地倒下去，一座座庄严雄伟的古城被敌人野蛮地炸毁了。在二十七年（一九三八年）我军终于退出武汉，抗战到了最艰苦的阶段。

就在这时期，那意志薄弱的汪精卫受不住了。他心一横，向敌人投降过去。最无耻的是，他还要演一幕"还都"的丑剧。为表示抗战

"结束"了，他要来歌舞升平一下。
而梅郎当然是歌舞升平最好的象征，
于是他着人向梅氏说项。

可是这批汉奸这次却碰到了相反
的结果，受到了梅先生的痛斥，为表
示决心，在几个礼拜内，兰芳在他那
白璧无瑕的上唇，忽然养起了一簇黑
黑的胡须来！

当"梅郎蓄须"的消息被大后方
的报纸以大字标题刊出之后，正不知
有多少青年男女看了既兴奋又感慨。

抗战期间，蓄须明志的梅兰芳

他们兴奋的是梅先生的正气，而感慨的则是生年太晚，未能一见没有
长胡子的梅兰芳。

岁月如流，那万恶不赦的日本军阀，终于上了绞架。国府正式还
都，梅郎乃又剃去了胡子，在上海天蟾舞台，再度登台。这时兰芳已
五十许人，他的一男一女已经也能粉墨登场而名扬报端了。这时他自
己虽然还如以前一样文秀可怜，而嗓音毕竟有了变化。他祖父梅巧玲
在这年纪已经改唱《钓金龟》了。

有的记者问梅先生为什么还不退休呢？兰芳感叹地说，还不是为
着北平一批没饭吃的同行吗？但是这时穷困的岂止是北平的剧界吗？
就是梅剧团本身也很困难。老实说，没有梅兰芳谁又耐烦去看姜妙
香、萧长华呢？

谁知好景不长，新的战火很快就烧到了江南。共产党席卷大陆之
后，兰芳又随着一批难民逃回香港。国事如麻，战云密布，这时一般
人推测，梅郎该又是蓄胡的时候了。

　　孰料在"人民政治协商会议"准备开幕的时候，兰芳在各方怂恿之下，终于接受了北京的请柬。不久消息传来说他也居然贵为"人民政府"的"要员"了。

　　天道好还，他在舞台上叫别人"大人"叫了一生，这一次却要让别人叫他"大人"了。于是一些政治反应非常敏感的朋友，也嚷着说梅兰芳"靠拢"了！

　　甚至有许多没有"偏差"的纯艺术家们也开始为他惋惜，怪他不应把艺术让政治来奸污了。

　　不过读历史的人则喜欢翻旧账。试翻梅氏个人的历史，他自十二岁为人侑酒起，看过多少权贵的兴亡，五十年来北京王的此起彼伏，正如兰芳舞台上的变化般初无二致。他参与过活的"老佛爷"七十万寿的庆贺大典，也看过死的"老佛爷"为孙殿英的士兵所尸奸；他看过洪宪皇帝的登基，他也看过袁大太子卖龙袍；他看过汪精卫刺杀摄政王，他也看过汪精卫当汉奸……眼看他起高楼，眼看他宴宾客，眼看他楼塌了。五十年来他看过北京当朝多少跳梁小丑的兴亡！试问梅郎向谁"靠"过"拢"？他又拒绝向谁"靠拢"过？

　　君子可以欺以其方，他一向总是以为人家对他"都是善意的，宽恕的"。何况这新时代被吹得震天价响煞有介事似的呢？

　　北京是他根生土长的地方，别人有什么理由要他也逃出祖国呢？不能忘情于故土，你又要他"曳尾泥中"岂可子得？朋友！梅兰芳就是《庄子》里面的乌龟，现在是被"置诸庙堂之上"了。用历史的眼光来分析他，同情之外，夫复何言！

　　试问半个世纪来，哪一个北京的当权者，不想把兰芳视作禁脔？不过消受他的方式，则因人而稍有不同罢了。

　　照理，现在梅郎是受"封"了！但是朋友们，你如是梅君精神上

1940 年代的梅兰芳全家福
（前排自左至右为梅葆玥、福芝芳、梅葆玖、梅兰芳，
后排左起为梅绍武、梅葆琛）

的友人，当你翻开那本大陆上出版的《新中国人物志》你就要生气！他现在是被列为"首长"了，但是你看那批作家们对刘少奇、郭沫若诸"首长"是如何的恭顺，而对这位梅"首长"是如何的轻蔑嘲笑，你就会怒发冲冠的。从那些作家们的笔头上，你也可推测出张宗昌帅府内马弁副官们的心理来。

"靠拢""前进"……各种帽子别人可以把他随便戴，但是梅郎的命运还不是前后一样吗？

他是我们旧家庭中一颗家传的明珠，我们担心它将被横加雕凿的命运！他不是比武训更没有阶级意识的无产阶级出身的人吗？

兰芳何以能占到武训的上风呢？这正因梅君尚是可用之材，你不看他到北京的第一次的演出，便是"招待首长"吗？再则就是因为他是今日四万万中国人中唯一有友无仇的人。谁敢"清算"他一毫一发，小心吃不了兜着走。这就是梅君无敌的卫士。

不过他的艺术生命却正式收场了。西蒙诺夫告诉我们，祖国的剧人，要他们"反映全世界对新中国不同的看法，告诉广大的群众谁是敌人，谁是朋友。"这就是我们祖国今日剧运的"方向"。

我们无心批评这"方向"对不对，我们只觉得兰芳在这"方向"上用不上了。因为在他的灵魂内，找不出与这相同的方向。硬要他来，那就是拉到黄牛当马骑了。

兰芳原是自由人，至少近二十年来是如此。他是我们光头老百姓采桑摸鱼的伙伴。现在他忽然被选入深宫了。虽然他的一颦一笑，对我们是记忆犹新，但是宫墙万仞，永巷幽居，红颜白发，自是指顾间事，将来纵有机缘能再见梅氏恐怕也已面目全非了。

"恩怨尽时方论定"，有些朋友或许要认为我们不应为生人作传，不过"若是当年身便死，此身真伪有谁知？"这两句话只能应用在误尽苍生的英雄们的头上，对一个薄命的贾元春又怎能适用呢？今日我们纵不动笔，难道三五十年后的历史家，还能写出什么不同的结论来？

云天在望，遥念广寒深处，不知今夕是何年？寄语梅郎：在那万里烟波之外，太平洋彼岸，还有千千万万的祖国男女青年在怀念着您！

（作者附记：我们都侨居海外，闲暇太少，资料无多，故不敢言为梅君作传，因以传"稿"名篇。祈读者亦千万以初稿读之！梅君旧游如有所匡教，则尤所感幸者！）

一九五二年七月一四日于纽约

胡适的历史地位与历史作用

在一整部"传统世界文化史"里，更具体地说，在二十世纪以前的世界文化史里，我们的"中国文化史"所占的分量——（且让我大胆假设一下）——大致是三分之一强，或二分之一弱。而在这撑起传统世界文明半边天的中国文明中，起栋梁作用的东方文化巨人，自古代的周公、孔子而下的诸子百家，到中古时期的名儒高僧，到宋明之际的程朱陆王，以至于二十世纪的康孙梁胡，严格一点来说——也就是以胡适的文化阶层为坐标来衡量——其总数大致不会超过一百人。

在这一百名东方文化巨人中，今年刚满冥寿一百岁的胡适之先生，是这百人中最近的一位。这便是我这个"适之先生的小门生"，开门见山，替胡老师在中国文化史中乃至传统世界文化史中，所定的位置。为先师在历史中定位，而且定的是一个相当具体的位置，我自己承认，这是相当大胆的。虽然这只是一种门生弟子对业师的"私谥"，但是我个人相信这私谥距离历史事实，并不太远。在下是一个在现代西方大学教授世界文化史的专业教师。现在做这样的大胆定位，实在也是打算从我的职业里，通过长期教学的心得和比较研究，去寻找结论。

是否有当？还要请胡氏门生故旧和亲胡、反胡，以及中间客观的、"各党各派"的专家学者，和贤明的读者，不吝指教。

"胡适的文化阶层"是什么？

先说说什么叫作"以胡适的文化阶层为坐标"。"坐标"是数学和统计学中用以规范统计数据的纵横轴。更简单地说，它就是做统计和比较的基层标准。

孔子作春秋而乱臣贼子惧。他褒贬历史人物也有个起码的标准，这标准便是"邻国"——"自邻以下无讥焉！"

我们今天也以"胡适的文化阶层"为坐标。我个人认为，与胡适同一阶层，或更高阶层的中国文化巨人，不超过一百人。而在这一百位巨人中，适之先生是最近和最后的一位，却不是最低的一位。

1917 年的胡适

在五十年代中期，美国的《观察》杂志，也曾以类似的标准把胡适提名为"当代一百名最有影响人物"之一。（见Donald Robinson, "*The World's 100 Most Important People*", LOOK，Oct.4，1955.p.40）这一百人中，华裔只有两位，另一位是晏阳初先生。胡氏当时并未以此为荣，我个人当年亦以其所举非偶，而不以为然。

可是今天我自己也以"胡适的文化阶层"为坐标，认为三千年来出生于中国的文化巨人（注意：不是政治巨人）不过百人而已，那么这种推算的具体标准，又在哪里呢？

这儿我们就得看看，适之先生在中国文化史中的具体表现了。

1921 年的胡适

一位九项全能的学人

胡适是中国学术史上的槃槃大材，是一位九项全能的专家学者。我为什么不干脆用通俗的体育名词"十项全能"，而减掉一项呢？因为十项全能和"万能"一样，除在体育场之外，只是个抽象的形容词，言其百能百巧而已。而我这"九项全能"，则是经过适之先生生前自己认可的具体项目。他自己承认在这九个项目里，他都"做了一些工作"。这九个项目是：

一、哲学思想

二、政治思想

三、历史观点

四、文学思想

五、哲学史观点

六、文学史观点

七、考据学

八、红学的艺术性

九、红学的人民性

学报性的原始贡献

胡适在上述九项的"贡献"或"流毒",又大致可分成三类九等。

第一类或可叫作"学报性的原始贡献"。胡氏治学范围极其驳杂。在上述每一项里他都能写出极高水平的原始贡献。其深度往往在该行二三流专家之上。从他十九岁时执笔的《诗三百篇言字解》《尔汝篇》《吾我篇》到他七十岁还孜孜不倦的《水经注》等等,数十年"拿绣花针"的功夫,都属于这一类。那是一种象牙塔内纯学术性的工作,也是任何学人教授、硕士博士,都应该做、都可以做的工作;只是工作有轻重、贡献有大小、成绩有上中下之别罢了。生为今世学人,如连这项起码的工作都不愿做,那就要变成美国学界的"三字经"所说的"不出版、就完蛋"(Publish or Perish)了。

记得在五十年代的末期,有一位治"中共党史"的萧作梁教授,要我陪他去看胡先生。胡先生很兴奋地和他谈了一个多小时的中共党史,使萧君大为折服。

我们辞出之后,萧君向我竖起大拇指说:"胡适之在任何一行,都有他的'高等常识',真了不起。"

我问萧:"高到何处呢?"

萧说:"二三流专家以上的水平吧。"

细分起来,我们这个"人文科学"(胡适口头语),可不止三十六行啊。在每一行里都能考他个榜眼、探花，并不容易。所以胡适之先生实在是个不世出的"旷世奇才"，一位博览群书、博闻强记、博通古今的真正的大博士。正因他博通多行，他在某一行之内，其"学"可能不及该行的第一流专家，但其"识"则往往有以过之。"见多"始能"议广"。如此，一些只会钻牛角的小专家，如果只是某一行的专材，在"见识"方面，就无法与融会贯通的胡适相提并论了。

正因其如此，胡适在人文科学的每一行之中，都可算是个专家，在每一行也都有第一流的"劲敌"。擂台遍打、拳友如云。这也就是五十年代中共举国批胡的精华所在。那时大陆上的批胡学者，虽多半都是奉命作文、奉旨办事，然其中亦有好多旧仇，是借机泄愤的。

老实说，大陆上批胡，台湾就不批了吗？非也。大陆明批，台湾暗批而已。最近去世的国学大师钱穆，就暗批了一辈子。不过钱氏所批的只限于"国学"。至于胡氏最精彩的"西学"，他就无从置喙了。其实胡适在中国文化史上最大的贡献并不在"整理国故"，而是他所说的"再造文明"。

要走上"再造文明"这一更高阶层，那就不是专倒中国字纸篓、专钻中文故纸堆的国学大师们所能胜任的了。这是一种"现代化"的工作。

启蒙性的文化挂钩

什么叫"现代化"呢？恕我不揣谫陋，且自问自答一下。从比较文化学的观点来看，将"中"比"西"，论双方"古代文明"（比诸古埃及、苏美尔、巴比伦），中方可能略逊一筹，然亦伯仲之间也；比诸中古大黑暗时代的欧洲，则"西"不如"中"矣；可是在近代期（十八世纪以后），西方文明来了个大跃进，中国文明来了个大跃退，两两相较，"西方"就变成了"先进"，我们就变成"丑陋的中国人"了。

所以近百年来我民族的文化建设，当务之急，便是"向先进学习"。"先进"者，"西方先进国家"也。"向先进学习者"，"西化文化"也。老实说，我们从魏源的"师夷长技"，到张之洞的"西学为用"，到胡适的"全盘西化"，实在是向先进国家、先进文明学习的三个主要阶段。我们要首先"赶上先进"，继而"超越西方"，然后才能铸造一个有自己内容的"现代化运动"。在这一系列的"西化运动"中，胡适之先生实在是最全面、最有系统，也是最有成绩的一位倡导人。他的工作是真正需要"中西之学俱粹"，才能得其三昧，引蛇出洞，把中学与西学挂钩。那不是小脚放大的国学大师们，

1920 年，蒋梦麟、蔡元培、胡适与李大钊在西山卧佛寺合影

更不是粗通汉学，甚或不通汉学的"假洋鬼子"们（借用鲁迅名词），所能做得到的。

所以适之先生在"中国文化史"上，第二类，也是更高一级的贡献，应该叫作"启蒙性的贡献"。

写"启蒙性"的作者和作品，在学术水平上，可能远不如、也可能远超过写第一类"学

1922 年的胡适

报性"的作品和作者。因为那都是一种面向群众的深入浅出的作品，形式上近乎通俗体或新闻体，很难被习于学报型、集刊型的学术圈所接纳。它的学术性是高是低，就要看作者和读者的学术修养了。就以胡适的成名作《文学改良刍议》来说吧，它表面看来是一种空泛无当、内容问题重重的社论、边（专）栏一类报纸文字。今日吾人如以类似的文章投诸港台的报刊，可能都要被退稿呢。如投诸什么学报或集刊，那就更不必说了。事实上，胡适《文学改良刍议》第一次在纽约发行的《留学生季报》（四卷一号，一九一七年三月出版）出现时，也没哪位老几，正视过他一眼。可是一到陈独秀、蔡元培诸公眼内，它就身价百倍，一跃而成为"文起百代之衰"的革命宣言了。

然而胡适的博士论文《先秦名学史》，那也是一部启蒙性的不世之作，就没有那么幸运了。

《先秦名学史》后来增补为《中国哲学史大纲（上卷）》，实在是中国文化史上一部划时代的巨著。可惜作者不识时务，误将"明月照沟渠"，大材小用，把这篇光彩辉煌、有"启蒙性贡献"的杰作，

误当成学报性的文章，作为"博士论文"投入到了哥大这个汉学沟渠。不幸五大主考都不通汉学（夏德略识汉文）、不谙精义，看不懂这篇论文，所以博士生胡适就吃瘪了。

我在哥伦比亚大学手稿珍藏室，细玩该篇（那显然是一九二七年以后，哥大选为"珍品"收藏的），审查一位主考（疑是夏德）用蓝色铅笔的潦草批划，真为考生胡适不平。哥大博士出身的李又宁教授，对此比我更为气愤。她曾告诉我，她立志要开个国际会议，为胡适之先生的"博士论文"平反。

真正启蒙性的作品，不是我辈普通学人谁都可以写的啊！它也不是水准不够的学者，可以随便看得懂的啊！至于有些教授和秘书们问我，胡适的论文，又不是用中文写的，为什么杜威看不懂？我想这问题还是不回答的好。

所以胡氏在上述第一类"学报性"的贡献上，大致可以说是"学重于识"的。搞"学"那是看功力的，"十载寒窗""三更灯火"，用功的学人，苦学自必有成。胡适之确是我个人所知道的最用功的前辈学者之一，因此他学富五车、名满天下，实在不是偶然的。但是治学单靠用功也是有其极限的，尤其是从"传统"走向"现代"，从"翻书"走向"电脑"。例如胡老师搞了十多年的《水经注》。将来如麻烦"电脑"，恐怕那只是几个礼拜，甚或几个小时的事了。

可是胡氏在第二类"启蒙性"的贡献里，那就是"识重于学"了。"学"是可用功去学的，"人一十之己百之，人一百之己千之"。龟兔竞赛，老子非把你赶上不可，这是用功可以学得到的。乌龟尚且做到，何况人乎。可是"识"就不然了，"识"是学不到的。

孔子曰："学而不思则罔，思而不学则殆。"古今学人之间，既学且思的已不多见，能学能思就更少了——这是上帝恩赐，不可强求也。而胡适便是这样一位百年难得一见的、能学能思而又人品可爱、人格完美的智者。

我国圣贤的社会作用

牡丹虽好，仍需绿叶扶持。任何个人都只是社会海洋里的一个泡沫。历史上任何英雄也不能单靠主观因素成长，他要靠时代和社会中无数客观因素集体地来加以培植、呵护和扶持。胡先生总喜欢说："社会给予一个人的报酬，远大于他对社会的贡献。"这是他的由衷之言，也是他的经验之谈。

事实上，社会对一个人的贡献所付予更大的报酬，就是社会对他所寄予的更大的期望，使他对社会继续反哺和回馈。这一团体与个体相互为用的关系，可能是中国社会和中国历史中知识分子的社会作用的特殊现象，其他文明中则未必如此也。这种社会关系，中国历史上，所有的英雄、豪杰、名儒、硕彦，皆身历之。胡适只是他们之中最近的一位罢了。

我们的历史里，何以发生此一特殊现象呢？这大概与我们所特有的"无神的文化传统"有密切的关系。在一个"有神的社会"里，国计民生、精神物质，一切的一切，都被一位有"无上权威的上帝"所主宰了。他无所不能，无所不在，他造出了所有的人类，他为人类编造出他们应有的道德教条和一切文物规章制度。他掌握了最高权力，也享尽了人间天上一切的荣耀！你如不信，去问问信基督教、犹太教、伊斯兰教的朋友就知道了。

可是我们的民族却是个古怪的民族。在我们的民族史里缺少了

"上帝"这个万能的东西。因此上帝爷在其他民族中所享有的一切权利、义务和荣耀,在我们的民族里就被民族英雄、圣贤、豪杰所分享了。尤其是那些无拳无勇的高知圣贤,他们杀人无力,为害不足;遗臭万年,没个资格;而他们偏又聪明睿智,能说会讲,为我们的团体生活制礼作乐。他们多半也是人品可爱、人格完美,所作所为,福国利民,所以就万民仰止,一枝独秀,流芳千古;贡献有限,而社会对他也就"报酬"逾恒了。胡适便是这项民族文化特产中,最近的例子。

我幼读《大学衍义》中之名句,什么"为天地立心,为生民立命"等等,总认为它是宋儒"天人合一"等伟大的空话之另一章。及长历尽忧患,逋逃绝域,接触既广,涉猎亦多。午夜沉思,对少年期田园所习,竟时多反思。每觉我古圣先哲之名言,实多出于超人智慧与非常体验,不可以"伟大空话""封建唯心"等伟大的空话,把他们一竿子打翻。偶思及此,愧疚之情,每至汗涔涔而下。

胡适引尼采之言曰,"重新估定(中西)一切价值。"我们兼采中西之长,不冬烘、不酸腐,也非冒进、非暴力,来"再造文明",才是正当的途径。这是胡适的途径。

所以我们可以说,胡适在中国文化史上第三类的贡献,便是他与社会和时代交互为用的集体贡献,一种宗师型的"划时代的贡献"。他开拓了一个时代,而这时代却是历史和社会栽培他、呵护他和扶持他而集体创造出来的结果。很自然的,他也就变成这个时代的发言人了。

这一阶层的贡献,实在是思想界、学术界对民族文化和人类集体文明最高形式的贡献——也可说是"圣贤阶层"的贡献。我们要"为天地立心、为生民立命",换言之,要找出个"民族共同意识"和新的"民族生活方式"，上帝既然不能替我们代劳，我们就只好自己动手了。"自己动手"，尔我均有此心而无其学，有其感而无其智。这样我们就要仰赖一些更有智慧的圣贤来替我们作发言人了。"为天地立心，为生民立命。"我们经过一百年的磨炼，如今才选出一个名叫胡适的国大代表。我们集体的，一天天地把他赶向圣贤之路，要他做我们这个时代的发言人。

一位知识分子对社会的贡献，升华到这个最高境界，则文字的表达，往往都是多余的了。

宗师形象与"不立文字"

事实上我国文化史上的第一位宗师周公旦，即无一字流传。所谓"鸱鸮"之诗，"周公之礼"等等，都是后人的附会和伪托。孔子也是"述而不作"的。孔子的思想主旨也只能于比较可靠的《论语》《檀弓》二篇中，觅其一鳞半爪，而二书均为"群弟子、记善言"，非圣人手著。至于"五经"的本身，那就更问题重重了。它们都是儒家的经典，但是它们与孔子本人的关系，则是个天大的问号了。

如此说来，朋友们或者要问，那我国古圣人周公、孔子岂不都成为"白手起家"了？

斯又不然。盖他二人都是主宰我东方文明的儒教的开山宗师。他们与当时的社会与时势相互运作，奠立了我民族当时的"共同意识"，规范了我民族所共有的"生活方式"。在这种"儒家的生活方式"形成之初，综合既有经验，抽丝剥茧，而作其发言人，都是要言不烦，词简意赅的。《论语》《檀弓》所记，都是最好的和最可信的

1958 年，胡适与蒋介石合照

事例。至于后来的《五经》《九经》《十三经》……乃至经书满屋，那都是滚雪球式的文化发展的必然结果。

同样的，我们如谈这一阶层的胡适，就不能拘于胡适的什么著作了。他已变成我民族现阶段的一个时代的"宗师"、一个"形象"。他已超脱了什么"胡适文存""文选""论学近著"甚至有待出版的"胡适全集"。简言之，他在我国当代历史上的"形象""地位"和"作用"，已进入"不立文字"的超凡脱俗的"化境"。

例如我们今日要谈"民主"，就必然要提到"胡适"。"胡适"就是"民主"，"民主"就是"胡适"，二者已无法分割了。其实"胡适"并未系统地发挥过"民主"的理论，但是"胡适与民主"这项题目，今后将要被继起的"胡适学"专家们去"发挥"它一千年呢。以后的"三礼""三传"，还多着呢。客星犯主、要言不烦的主体导论，反而是次要的了。这项发展远景今天才是个开端。

其他有关胡适的科目，如"新思想""新文学""新诗""白话文""实验主义"等等，无一而不要走向这条路。其实胡适又写过几篇深入的研究实验主义的论文呢？一篇也没有嘛。但是今日又有谁能把"胡适"与"实验主义"分开呢？"胡适"就是"实验主义"，"实验主义"就是"胡适"嘛。朋友！这就是胡适在历史和社会上的作用，也是历史和社会对胡适的栽培。这相互为用的发展程序，是个历史的"偶然"，也是个历史的"必然"啊！

但是我个人这一看法，只能为我祖国的知者道，而不能与生长于异文化的洋人言也。我记得二十多年前我在哥大时，便曾向哈佛来访的研究生贾祖麟（《胡适与中国文艺复兴》的作者）作如上的解说。那时他显然没有听得进去。他后来大著上那些对胡适并不太重视的评语，事实上都是中西文化隔阂的结果——不同文化的汉学家很难了解中国"圣贤"在历史上、社会上所起的作用呢。

"若全肯，即辜负先师也"

我在这里，把我的老师胡适之说得与圣人同列，有些反胡的朋友们，可能早就嗤之以鼻了。其实我这里着重的也只是他在"第三类"的贡献——"为天地立心、为生民立命"这一面。

近百年来，在现代西方各种新制度的挑战之下，我们传统中国那套老生活方式搞不下去了。我们需要一个适合"现代"的新的民族意识，和一个崭新的生活方式。在寻觅这个新意识、新方式的无数贤达之中，适之先生实在是最全面的，也是最有成绩的，继往开来的大师。因此这个"胡适的幽灵"（胡氏生前自嘲语），今日还在海峡两岸，大显其圣。他也是今日斯民所仰，恶魔所惧的最大神灵。对这座偶像，我们应该焚香顶礼到底。

至于胡适在"第一类"所作的学报性的原始贡献，他也不过是个戴东原、陈寅恪罢了。余英时说："胡适学术的起点和终点都是中国的考证学。"试问在中国学术史上，哪一位考证大师的考证，是无懈可击的呢？

说到胡老师那套"大胆假设、小心求证"的"方法"，那也只是七十年前的陈枪烂炮，早该进博物馆了。我们应该承认它在历史上的贡献，我们更应该知道，那一套在现代已经大大落伍了。何炳棣所谓"雕虫小技"也。

胡适在"第二类"启蒙性的贡献，是惊天动地的。但是启蒙毕竟是启蒙。如只是启蒙而不臻于成熟，那就流于肤浅幼稚了。启蒙作品是革命宣言、墙上标语。煽动性很大，时间性也很大。一旦时过境迁，则意义全非。就说作新文学规范中"八不"的"不用典"一条吧，首先犯禁的竟是胡适之自己。他在后来写的那一篇重叙文学革命缘起的文章，其题目竟然叫"逼上梁山"。"逼上梁山"不是一条典故吗？在胡适那时，"逼上梁山"可能只是"不避俗语俗字"，而在我们现在，那就是百分之百的"用典"了。胡适"知法犯法"，"不用典"云乎哉？

再说陈独秀、胡适当年，为大力推行白话文，矫枉过正，北京大学在招生考试时，考生竟不准用文言作文。那时考生人人会写文言。为提倡白话非强迫他们改变一下不可，未可厚非也。七十年过去了，大学考生如今人人也都会写白话，不会写文言了。如果"文言"今日仍然是投考北大的门禁，那就岂止食古不化哉？简直是"十分混账"了。

再说"白话诗"（今日叫作"新诗"）吧。胡适当年提倡的目的，是因为它"语体"易读、易懂，"作诗如作文"。可是七十年发展的结果，恐怕天下文字，没有哪一种比中国目前的"新诗"更难懂、更难读、更朦胧、更晦涩、更"不合文法"了——这也是"新诗老祖宗"胡适当年所未尝想到的吧。

所以我们研究和继承"胡学"，不能教条化，更不能食古不化。我们要掌握他历久不磨的真知灼见；我们也要练习我们自己，知昨是而今非的判断能力。我们的老师是"圣之时者也"。

适之先生生前教导我们，最喜欢征引"洞山和尚"的故事。

洞山和尚最敬重他的老师云崖和尚。于是有人问洞山："你肯先师也无？"（赞成老师的话吗？）洞山说："半肯半不肯。"又问："为何不全肯？"洞山说："若全肯，即辜负先师也。"

胡适之先生讲学一辈子的要旨，就是叫他的学生们“做个不受人惑的人”“不要让人牵着鼻子走！”

所以我们继承胡学、研究胡学，千万不能忘掉这一条胡适遗教的中心要义。对老师我们要“半肯半不肯”。

我们要不受人惑，就要先从不受老师之惑做起。

作为本文结束，我敢大胆地说：不肯定胡适的大方向，中国便没有前途！但是不打破胡适的框框，中国学术便没有进步！

一九九〇年十二月十七日胡老师百岁诞辰之夕，

在台北耕莘文教院讲。

胡适的大方向和小框框

任何思想家都不是天上掉下来的，其出现是有其时间和空间的背景的。胡适当然也不例外。所以我们要研究胡适，首先就得检讨检讨他在"中国"（空间）这个特殊的"历史"（时间）长河里的位置，然后才能讨论他在这段历史河流中所发生的作用。

李鸿章的惊叹与汤因比的茫然

李鸿章曾说过，他所处的时代，是中国"二千年来未有之变局也"。为什么现代中国之"变局"为"二千年来所未有"呢？我们试为李言作注，大致可以这样说：自秦汉而后，二千余年的历史之中，我国的政治制度和社会经济运作的方式，乃至文化的内涵和价值标准的厘定，一脉相承，没有太大的变动。可是这个一成不变的国家组织和社会形态，相沿至清朝末季，忽然大"变"特"变"起来。这一"变局"，震撼了首当其冲的国家决策人李鸿章，所以他才认识到此一"变局"为中国二千年来所未有。至于这一"变局"之发生，究竟是个什么性质呢？这一点不但我们的李中堂不懂，连那位被学界恭维为史学泰斗的汤因比大师，也为之茫然。

汤因比说，中国文明自秦汉以后就"僵化"了，停滞不前了，没进步了。至于为什么停滞不前，汤氏就只知其然，而不知其所以然了，甚至胡说一通了。至于李鸿章，他一不通马克思主义，二不懂现代社会科学，所以也说不出所以然来，就更为傻眼了。

中国历史上的两大"转型期"

再追根问一句：清末这个"变局"，究竟是个什么性质呢？说穿了，这个"变"原是一种社会"转型"的变动，而这个"转型"之变，在中国近两千年来的历史上，只发生过两次！一次发生在公元前二、三世纪，另一次便发生在李鸿章和我们所生活的现代了。

发生在古代的那次社会转型，实始于东周之末，终于秦皇汉武之世。一"转"数百年，才又产生出另一"定型"来。一"定"两千年，直至清末，才又开始做第二次的"转型"。李中堂不明此道，才为之惊叹不置。

要知道第二次是如何的"转"法，我们得先看看第一次是怎样变动的。

那发生在古代的第一个"转型"，转变了些什么呢？长话短说，主要的有下列三项：

一曰废封建立郡县也。"封建制"是初民"部落主义"的滥觞。"郡县制"则是更高一级的、中央集权的大帝国中的文官制度——清代中叶中央政府对西南少数民族施行"改土归流"的政策，便是这一转型的零星的延续。清末大臣还有主张把属国朝鲜也"郡县化"的,事实上也属于这一类。

由封建到郡县的"转型",原是人类政治管理上的一大进步。

二曰废井田开阡陌。井田是土地公有制或国有制。"开阡陌"则是开放国有土地,任民买卖。化土地公有为私有,此一演变早见于东周之初。至秦孝公时,始为商鞅所落实。商君之后,一沿两千年。王莽当年曾尝试行化私为公的逆转土改,土改未成却把自己的脑袋搞掉。

土地公有和土地私有,孰优孰劣?大家去见仁见智吧。

三曰由百家争鸣变为独崇一术。秦始皇所独崇的是法家,汉武帝所独崇的则是儒家。哲学不同,独崇则一也。至于处士横议、百家争鸣,和罢黜百家、独崇一术之间的是非优劣,吾不愿主观评论之,此地只说明这个"转型"的事实罢了。

我国古代的国家和社会就为这三桩小事而"转型"。一转数百年,死人千万,才转出大一统帝国这个中国特有的"定型"制度来。此一固定的形态一延两千年未变,到清末才再度转型。面对些二千年所未有之变局,李鸿章就为之张目结舌了。

第二次"转型"又会转出些什么来?

我国古代的第一次"转型期",大致延长了三百年,才转出一个农业大帝国的"定型"来。根据这个定型,我们再作第二次"转型",又能转出个什么样的"定型"来呢?将来的"定型"大致也不会超出三项主要原则。这三项应该是:

一、化君权为民权也。这一转变,李鸿章不及见,而我们今日则看得很清楚。因为这一政治权力的蜕变是层次分明的。从清朝大皇帝、老太后,传子传妻的绝对权力,通过袁蒋等人掌权的不同形式,直至如今,已转了八十年。可怜的"转型期"中的中国老百姓,虽然

抗战期间，胡适任国民政府驻美大使

胡适与宋子文

被"转"得死去活来，但是君权递减的现象，还是很明显的。何时才能"转"出个民权的定型来，今日虽尚未可期，但是趋势倒是很值得乐观的。

二、化农业经济为工商业经济也。以农业经济为主的生产方式是前一期的定型。今后的生产方式，当以工商业为主流。社会经济一变，则百事随之而变。自李鸿章开路矿造洋船之后，我国经济向工业化变动，已有百年以上的历史，而成绩不著。时至今日，此一社会"转型"在台湾已立竿见影，而大陆还在摸索之中。中国大陆上的经济既然基本上还未脱离以农为主，则其党政制度便无法摆脱中古的老套。何时始能定型，吾不知也。历史家只是看戏的，不是演戏的。所以只有等到大轴戏落幕，才能写戏评。

三、在文化发展上，化控制思想为开放思想也。文化的发展原是与社会经济制度同步转变的。社会经济发展至某种程度，文化亦作等值的变动。吾人翻阅世界史，未见有文化领先而经济落后者，亦未见有经济落后而文化超越者。因此经济起飞，则思想必然开放；思想开放，则经济亦会随之起飞。鸡之与蛋、蛋之与鸡，无法辨其先后也。这便是我们当前文化转型之内涵与远景。

在我国二千年历史之中的"第二个转型期"内，我们就为这三桩小事，"转"了一百多年，死人亿万，至今还未转出个"定型"来——虽然这定型的出现可能就在目前。

处士横议中的"胡适学"

读者们批阅拙篇，可能要掩卷一问：足下写了这一大篇，究竟与

"胡适"何关呢？

答曰，这本是胡适这位思想家的"时间"与"空间"的背景。他就在这样的背景里，看出了问题也想出了答案。可是根据这同一背景，看出了问题、想出了答案的现代中国的思想家并不只胡适一人。远一点的有魏源、王韬、容闳、洪秀全、洪仁玕、张之洞、李鸿章等等。近一点的有康有为、梁启超、孙文、陈独秀、李大钊……乃至自夸为"没有我，民族就要灭亡，文化就要遭殃"的梁漱溟；自认为"伟大导师"的毛泽东和黑猫白猫的实验主义哲学家邓小平……他们都是聪明人或自作聪明人，他们对"第二次转型期"内，中国发展之前途与方向，以至将来定型下来的永恒模式，都有各自的看法与主张。处士横议、百家争鸣，真是公说公有理，婆说婆有理，莫衷一是。胡适之先生事实上只是这些七嘴八舌的公婆之一而已，但他却是本篇所讨论的唯一的对象。

"胡适学"如今已再度成为显学，以后更要发扬光大。将来"注疏家"的作品，可能要数十百倍于胡适本人的著作。笔者不学，早已不想追随时贤，重入注疏之林。只是个人曾一度追随胡师整理其"自传"。在先生生前余即已把他光辉的一生，分为前后两大段。三十年来拙见未改，既承盛会之中老友不弃，谨再就原论补充之，以就教于通人。

几句疯话，暴得大名

胡适活了七十二岁。在四十岁以前的前半生中，他是个"暴得大名"的青年（甚至是中国历史上最年轻的）启蒙大师。他没有枪杆、没有政权，但是年未而立便把当今世界上一个影响人口最多的、最全面、最古老的文明砸得七零八落，砸得天下喝彩，砸得全民族的下一代鼓掌称快。

青年胡适究竟"启"了些什么"蒙"呢？让我们三言两语带过：曰"打倒孔家店"也，曰"全盘西化"也，曰"废除文言、使语文一致"也，甚至"废除汉字，用罗马拼音"也……

这些话出自一位二十七八岁的青年之口，在中国三千年的历史之中，任何一个时代里都是罪足砍头、甚至诛九族的疯话！可是在二十世纪的初季，胡适竟靠这些疯话而"暴得大名"，享誉国际，出了一辈子风头，至死不衰，何也？一言以蔽之，青年胡适是在替他青年期那个时代说话！他是那个时代的文化发言人，所以能一唱百和。可是胡适的青年期究竟是个什么样的时代呢？读者如不惮烦，且让我们为这一时代精神的发展，再来搜搜根。

李鸿章的"四个现代化"

前段已言之，我国三千年历史上，只发生两个社会转型期，而这两个转型期的形成，却有性质上的不同。那发生在古代的"第一个转型期"是"自发的""主动的"——它是我国社会经济自己发展的结果，与外族无关。

但是发生在我们现代的"第二个转型期"则是"他发的""被动的"。我们原对自己的政治制度、社会形态、生活方式十分满意。我们原不要"转型"，而我们终于转型，实在是外族强迫的结果。

外族怎样强迫我们的呢？说来极简单。在鸦片战争以后，西方帝国主义不断地侵略我们，我们不停地打败仗、割地赔款。要对付外夷，就要以其人之道，还治其人之身。这样我们就出了第一个夷务专家魏源。他主张"师夷之长技以制夷"。换言之，就是要向洋人学习科技。用目前大陆的语言来说，就是"四个现代化"。

这之后，把魏源思想进一步发展的便是张之洞一伙人所倡导的"中学为体、西学为用"。再用句目前的语言，那就是"四个现代化"（用），加"一个坚持"——"坚持孔孟之道"（体）。

把这项体用之学发展到最高峰的，还是我的老乡李鸿章。在甲午之前，李鸿章所搞出的一些"坛坛罐罐"，比如强大的"北洋海军"，真是煞有介事。谁知李氏这些"坛坛罐罐"被日本小鬼几炮便打得精光。

康有为、孙中山与"第五个现代化"

甲午战后，搞"四化"的人泄气了。他们知道光是发展"科技"还是解决不了问题；光是发展科技，科技也搞不上去。中国问题之真解决，还得靠"第五个现代化"（政治现代化）。因此一时之间，全国的进步分子，如雨后春笋般出现。而进步分子们又分为文武二派：文派主张缓进，搞英国式的"君主立宪"，他们的领袖便是康有为；武派主张激进，搞美国革命式的"建立民国"，他们的领袖便是孙中山。辛亥革命一声炮响，两派合流，就真把个民国建立起来了。

可是"第五个现代化"，在民国初年还是彻底失败了——失败到"民国不如大清""袁世凯不如光绪爷"……军阀横行。我们搞了半个世纪的"四化"（科技现代化），救不了国；又搞了二十年的"政

1954 年，胡适离台赴美，陈诚到机场送行

1958 年，胡适与本书作者唐德刚合影

治现代化",还是救不了国,并且愈来愈糟,何以如此呢?全国的上下阶层均不得其解,忿激之余,便激出个胡适和胡适的时代了。

"西化"的最后阶段——"全盘西化"

胡适认为只有两位西方老头"赛先生"(科学)和"德先生"(民主)才能救中国(这两位老头的中国名字是陈独秀取的)。但是中国为什么出不了自己的赛先生和德先生呢?这是因为我们民族文化里有其内在的死结,我们的民族文化害了癌症,已面临死亡了。"中国不亡、实无天理。"(胡适语)与其天要其死,不如人促其亡。"中国文化"这个病老头既然非死不可,那就把他病榻上的氧气管抽掉,让它早日死去。老头死了,孔家店打烂了,然后子孙们脱胎换骨——"全盘西化"!

这就是胡适青年期,那个"五四"前后的时代精神;它也是中国近代"转型期"中,一阶段接一阶段,循序而来的"西化运动"的最后阶段。说"疯话"的青年胡适,便是这一阶段的发言人。他在他本阶段所起的"启蒙"作用,和魏源、张之洞、康有为及(早期的)孙中山在其各自阶段中所发生的作用并无两样。

科技现代化只有一个,政治现代化花样繁多

"西化"这个东西,在魏源时代叫作"通夷务",李鸿章时代叫作"办洋务",张之洞叫"习西学",胡适叫"西化"。二次大战后

改名"现代化"。在现在大陆上叫作"向先进国家学习"或"向国际水平看齐"等等，其实都是一样的货色，只是时间有先后，学习分量有多寡而已。

魏源的通"夷务"（正如邓小平的搞"四化"）指的是单纯科技。张之洞所倡导的只是"半个西化"。上述魏康孙三公所坚持的则是"政治西化"。至于二十年代进入中国的共产主义，和三十年代进入中国的法西斯，也都是"西化"，或可名之曰"偏激的西化"。搞"人权"、搞"民权"原都是西化的一部分。

所以搞"西化"（现名"现代化"）也是分门别类、花样繁多的。当然我们如专搞"科技现代化"或"四个现代化"，那么"西化"或"现代化"就只有一个。但是我们进化到政治、经济、社会、伦理各部门来，那么花色就谈不完了。盖"西化"者，始自"西方"也，而"西方"并不是个整体。笔者即尝为"西方"学生授"西方文化史"。在其各民族文化传统之间，别其异同。如希伯来之异于雅利安也，盎格鲁·撒克逊之异于日耳曼也，拉丁之异于条顿也……如此，再回看我国近百年来的"西化运动"又何择何从哉？

孙中山权"变"，胡适不"变"

就以孙中山先生来说吧。孙公在辛亥之前，搞的全是美国模式。二次革命之后乃渐次主张独裁，最后干脆"以俄为师"。粗浅地看来，中山先生是因为搞革命受了挫折和刺激，为求速效，乃舍弃温和的美国方式，改采激烈的俄国的办法。但是更深刻的看法则是，中山所采取的办法，实在是从盎格鲁·撒克逊的民族文化传统，跳到了斯拉夫和日耳曼的民族传统里去。

须知文艺复兴以后四百年来的欧洲和南北美的历史,原是一部白种民族的春秋战国史。时历数百年,民族数十种,大小百余战(包括两次世界大战),强凌弱、众暴寡,五霸七雄兼并的结果,最后最大的胜利者不是"虎狼之秦",而是比较温和有礼的盎格鲁·撒克逊。丘吉尔扩大之为"英语民族"。

英语民族为什么能建立一个"日不落"的帝国主义大帝国和一个"超发展"的民主合众国呢?卑之无甚高论,实在是因为他们善于解决自己内部的问题。他们搞"等富贵,均贫贱",用不着"阶级斗争"。他们搞"攘外安内"也不需要"西安事变"。他们要把讨厌的最高领袖赶出唐宁街或克里姆林宫也用不着"三大决战"和"苦挞打[①]"。爱国青年也无须打什么"红旗"或穿什么"褐衫"或"蓝衣"。他们的政治领袖也大半都是些混沌水、和稀泥的庸材。但是就这样搞搞混沌水、和和稀泥,不但能解决自己内部的问题,还能向外扩张,克敌制胜,建立空前未有的殖民地大帝国。他们这套本事,不但我们自高自大的黄帝子孙学不到,连和他们同文同种的拉丁、日耳曼、斯拉夫诸大民族也望尘莫及。

英语民族的国度里的富强康乐,灿烂的文化,当初不但降服了胡适,也降服了孙中山。所以五四时代胡适所倡导的"全盘西化"(后又修正为"充分西化"),更正确的说,应该是"全盘英美化"或"充分英美化"。哲学家约翰·杜威的"实验主义"原是"英美传统"的经验的概念化。所以胡适之就做了杜学东传的一世祖而终生不渝。

---

① coup d'etat,法语,政变的意思。

　　"二次革命"（一九一三）前的孙中山原来也是服膺全盘英美化的。可是孙先生是个搞行动的革命家，他要和袁世凯争政权、抢总统。为追求政治上立竿见影的效果，"孙文主义"就发生修正从权之变了。他从一个比较高级耐久而缺少特效的英美传统，转变到有时效而不能持久的德意俄的偏激传统里去。

　　可是在过去四百年的"春秋战国"里，英美传统却是最后的战胜者。二次大战后，德意日三个战败国，均以改从"英美化"而复兴。君不见在九十年代的世界里，东欧各国乃至共产主义的"祖国"苏联，不也都英美化了哉！

臭烘烘和香扑扑

　　胡适思想最大的特点便是它永远不变。适之老师言必称美国，也一辈子未改过口。

　　他四十岁以前是最有影响力的青年"启蒙大师"，他启蒙的实效便是介绍美国——介绍美国的哲学思想、政治制度和生活方式。

　　他终身治学是"围绕着方法二字打转"。他整理"国故"和"再造文明"的"方法"，也只是美国大学研究院里写硕士论文和博士论文的"方法"。

　　四十以后的胡适是咱们中华民族的"自由男神"。他这个男神和站在美国纽约港口的"自由女神"，虽然性别不同，肤色有异，二者的形象和功能却完全相同。

　　可是近百年来的中国却是摇摆不定，甚至十年一变的。不是东风压倒西风，就是西风压倒东风。因而"美国"这个百年不变的抽象名

胡适与夫人江冬秀

胡适与家人

辞，在中国也就时香时臭；因而代表"美国"这个抽象名词的另一个抽象名词"胡适"也就时香时臭。

五四时代的胡适是芬芳扑鼻，三十年代的胡适则"臭名昭彰"（这是他最得意的共产门生，现在有志做和尚的千家驹先生对老师的评语）。的确，这时他的"殖民地"都全部独立了。文学界、思想界为"左联"所篡夺；政治界为蒋廷献、蒋中正、张学良所遗弃。胡适变成了孤家寡人，"阳春教授"。四十年代他又时香时臭。五十年代也就是笔者做他的小道童的时代，他真是一灰到底——右边骂他思想有"毒素"；左边也骂他思想有"毒素"，还要"清算胡适思想"。永远笑嘻嘻的白面书生胡适之，却永不认错、死而后已。

胡适死后，"胡适的幽灵"（胡老师生前的自挽词）时隐时现，其遭遇和生前还是一样的——一个思想家，升华到"胡适"的阶层，也就无所谓"生死"了。国民党为着"异党"问题，竟然把胡老师的第一号大信徒雷震逼死了。又谁知现时现报，目前却被个不讲理的异党逼得走投无路，连老夫人携点细软出国，也要被异党奚落得尴尬无比呢？早知如此又何必当初呢？

大方向和水的方向

列宁之余威，吾知之矣。但是胡适的幽灵，竟有如此力量，则非始料所及也。

其实自由民主、人权法治，原为现时代的时代精神而已，何可归功于一人？只是胡适之是这项外来思想最有力的启蒙大师。五四而后，大师小师之间，不计毁誉、不论成败而坚持到底也只有他一人。

时至今日"胡适"与"自由民主",已一而二、二而一的分不开了。"胡适"这个具体的人名,已足以代替"自由民主"这个"抽象"的概念。所以他才有足与列宁相抗衡的力量,足以左右中国的将来。

胡先生告诉我,中国传统思想中他最信服的是老子。老子比孔子更"老"。他是孔子的老师。孔子的思想是受老子影响的——我的朋友成中英教授,运用西方逻辑推理治中国思想史,也是如此说的。胡先生说,他的思想成熟期,是在康乃尔大学时代。某天早晨他在校园内的铁索桥上,俯视伊萨卡大峡谷,见到山岩被水冲刷成溪的迹象,而对老子以"至柔克至刚"的哲理顿有所悟。

事实上胡适的思想也就是山峡中的流水,它迂回、它旋绕、它停滞、它钻隙……不论经过何种阻挠,它都会永远地流下去。溪流冲石,千年万年,岩石总会销蚀成一个大峡谷来。这便是胡适的大方向,一个潮流的方向,中国前途的方向。

胡先生最喜读的一首南宋诗人杨万里《桂源铺》绝句:"万山不许一溪奔,拦得溪声日夜喧;到得前头山脚尽,堂堂溪水出前村"。这实是有自信心的夫子自况,也是胡适思想终能风靡全国的道理。

疮痍满目的小框框

当然,天下原无十全的圣人。我们尾随适之老师顺流而下,并不是说适之先生所有的教条都是金科玉律。胡适和孙中山先生一样,他跻身圣贤的条件,是他的宗师形象和学术思想的大方向。大宗师如谈起具体的小问题来,往往也和其他学者一样,是疮痍满目的。

胡适以二十来岁的青年,一旦自海外归国,便大讲其五千年文明的优劣，而要以一厢情愿的思想改造之，如禁读文言、毁灭方块字等等，未免是胆大妄为。至于他的什么"大胆假设、小心求证"的"治学方法"，也只是拾干嘉之余慧，为社会科学前期的辅助技术而已，谈不上是什么真正的"治学方法"。不过这些都是无关宏旨的若干小框框，瑕不掩瑜。笔者对这些小框框所论已多，不想重复。烘云托月，还希望后来的注疏家去继续发挥罢。尚恳读者贤达，不吝教之。

一九九一年十月六日早晨于台北中研院招待所

陈立夫早年哥大口述回忆残稿钩沉

最近陈立夫先生发表了一部中英双语的回忆录《成败之鉴》，引起政学各界的轰动。

立夫先生是今日中国国民党仅存的三两位元老之一。当年权倾一时，号称"蒋家天下陈家党"。如今陈家的门生故吏，仍然遍布天下。当年陈家在党内外的政敌，和这些政敌的承继者，也遍布天下。至目前为止，双方还是恩怨未断，争论不已。

再者，陈家兄弟既然是权大势大，从一九二五年至一九五〇年历时四分之一世纪，搞党从政，难免也有功有过。公正的历史家对陈氏昆仲，必然会有褒有贬。这些都是政界、党界、学界反映在史学研究上的必然现象，没啥稀奇，也没啥例外。因此，立夫先生于耄耋之年，发表了回忆录，它所引发的誉满天下、谤亦随之的反应，也就不难理解了。

可是今日这批聚讼人士，乃至目前应邀来香港参加国际研讨会的专家学者，恐怕简直就没有人知道，他们所讨论的（篇幅不过四五七页的）《成败之鉴》，只是陈立夫先生晚年所写的第二部回忆录，也是分量较小的一部回忆录。其实立夫先生还有一部分量大出数倍的更详尽的回忆录，著作时间也早了将近四十年。这就是当前来参加讨论会的专家学者所很难想象的了。这也就是笔者要在本篇拙作里特别提出来，向大会报告的"哥大残稿"。

陈氏回忆录有一书两稿

这两份重要的历史文献，我个人虽未直接参加撰稿，但是在撰写和嬗译过程中——尤其是那分量较大的"哥大残稿"，我却是它最接近的助理和最忠实的读者和顾问。因为那八百余页残稿中的每一页，都是在我和它的撰述人所共用的小办公室之内完成的。这间小办公室中，一共只有两位研究员：茱莉·夏连荫（原名莲英，英文名用上海方言发音叫［Julie Lien ying How］）女士——陈立夫稿的撰述人和我。

我那时三十中年，茱莉则小我六岁。我二人面对面，临窗而坐，相距不及五尺。她在写她的《陈立夫回忆录》，我则写我的《李宗仁回忆录》。这是当年哥大东亚研究所中国口述历史学部里的两部姐妹篇，由我们两位仅有的"全时研究员"分别主稿。我们两人同时还轮流作顾维钧先生的助理撰述。因为顾氏时在海牙国际法庭任大法官，每年只来纽约小住二三月。在他小住期间，茱莉与我则抽空去做他的撰稿人。后来茱莉小姐倦勤，我就变成顾先生唯一的助理了。这点不定期的额外工作之外，我二人就专心各著其书了。

茱莉和我分著陈、李之书，是从一九五八年的暮春同时起步的。本来在工作分配之初，我也以立夫先生为首选。蒋家天下陈家党，陈毕竟是当时国民党的"主流派"（且用个目前名词）的"中央系"，而李宗仁则属于"非主流派"的"桂系"。加以立夫先生原是我结婚时的"女方主婚人"。我随内子昭文（编者按：唐德刚夫人为吴开先女公子）叫他"陈伯伯"，其后一叫四十年未改口，相处也比较亲切。但是茱莉既然也喜欢"陈伯伯"，那我就只有让她了。这本是做研究工作的同事之间，相互礼让，很自然的事，无啥赘述。

这两部书在一九五八年夏秋之交在哥伦比亚大学正式动笔之时，我二人对两书的章节规划、内容要点、录音整理、故事考订、史料补充、正误校对……每一步骤，都是在相互咨询之中进行的。两稿双线延伸、平行发展，简直是一对分割不开的"暹罗孪生兄弟"。

按哥大口述历史的校方规定，我二人对故事的内容是要相互保密的，双方河水不犯井水；但事实上却无法做到。茱莉与我原都是哥大历史系的研究生，同窗已有十年之雅。如今斗室之内，终日对坐。工作之外，喝可乐、吃零嘴、嬉笑清谈，相处甚得。我二人虽出身不同——她是十里洋场上海出生成长的富商独女，未进过一天中国人办的学校，自幼便满口洋文沪语，生活西化，十分娇惯。冲龄留美，年未双十便毕业于相当贵族化的沙瓦女子大学（陈衡哲的母校）。旋升哥大研究院，以"陈独秀思想之发展"一文，荣获历史系硕士学位。茱莉此作，在当今美国任何次等大学，都是博士论文之上选。纵在当年哥大也是硕士级的拔尖之作——此稿现存哥大图书馆，任何读者，均可随时索阅。所以茱莉实是一位明艳照人的才女。可恨造物忌才，竟不永年。此是后话。

茱莉读完硕士之日，亦是大陆国共政权易手之时。两朝开继，茱莉与我竟是哥大硕士班的同学，也算是缘分。

与这位娇贵的同学相比，我就是她的反面了。笔者是从落后的三家村私塾中，读四书五经起家的；习惯于村夫老农的乡土气息、村俗滋味。加以抗战的炮火、疟疾、夜盲……，和"八宝饭"，早已被整得不成人形。如今改朝换代，父母失踪，家破人亡……身心交瘁，匪言可宣。因此，在下也养成一种随遇而安、拿得起、放得下，那种不生不灭的流浪汉的劣根性。

我二人生活习惯、教育和社会背景，以及一己个性，绝对相反，这反而使我二人在研究工作上，如狼似狈，截长补短，缺一不可。因此我二人在相同的著书立说之间，凡有需要向外界——洋上司、洋同事、洋机关等等，争取权利，躲避麻烦，大至争取福利、出版书籍、助理时间，小至暖气不热、空调不冷，总归是由她出面"争取"（在洋社会，一切靠"争"，不争就没有。胡适那套李耳的"不争哲学"，在洋社会是派不上用场的）。反正我二人同级同工同酬同室，她凡能争到的，我总归有一份——而她之所争，却无往不利。这对我真有无限的方便。

可是我这个土佬儿、布袋和尚，对茱莉也有其不可一日或缺之需。她与我咫尺相对，每天的问题都有几箩筐。大到"一国两制"、郡国并存，军机、内阁各有所守。小到陈洁如是何人？芝麻绿豆到盒子炮不是炮、黄鱼不是鱼……这些问题，苦在万卷图书，无从查起。而隔桌相询，却有问必答。而每答不过数分钟，真是探囊取物。以故我二人的研究工作，相辅相成。不是河水不犯井水，而是河水井水交流。我所写的李宗仁稿，她差不多逐章阅读。一九六一年以后，茱莉随父移居香港，同时在港访问张发奎和左舜生。在香港时，她还要我们把新完成的李宗仁稿后卷各章寄港参考呢。

我虽然从未要求看她的《陈立夫回忆录》，但她却不时主动要求我看。我未看的部分她也讲给我听。最有趣的一次，便是当我们陈、李二稿都已进入最后阶段时，东亚所所长兼口述史主任的韦慕庭教授

青年陈立夫

中年陈立夫

特地请了郭廷以先生于一九六三年春，前来哥大，帮助审阅这陈、李二稿的内容。我的《李宗仁回忆录》因为有一部中文草稿，所以郭老师很快就看完了，并且写下了十九条严厉的评语。

茱莉的《陈立夫回忆录》，郭老师阅读起来就比较困难了。因为茱莉没保留中文底稿，而英文草稿打字加手书涂改，一片鬼画符，对一些没有阅读英文手稿经验的读者——尤其是茱莉那种龙飞凤舞的手书，郭老师有时就更是读来不易。他老人家有时认不出，便拿来问我。问多了，他干脆用铅笔圈出疑难之处把全稿交给我说："德刚，你读，读完告诉我！"其实对茱莉之稿，我用不着"读"，更用不着"读完"，我就可以"告诉"郭老师了。郭老师后来就参照我的意见，对茱莉的《陈立夫回忆录》，写了十条评语。重要的像"清党的故事写得太简略"，这便是我师徒二人的共同意见。只是郭老师但知其太简略，而不知何以太简略。我则认为那是口述史家缺乏写"报告文学"训练的结果——访问者不知穷根究底、打破砂锅问到底的缘故。

至于郭老师要茱莉再去问当年的教育部陈部长，战时教育当局为什么把与大学教授和一般高等知识分子的关系弄得那么"僵"，那就出自郭老师当年自己做教授的经验，与我无关了。（郭师中文手稿现存哥大手稿室）

陈立夫要学司马光

其实当年的郭廷以老师和目前的书评家、史评家一样，他们所评论的，都只限于《陈立夫回忆录》的内容——如清党故事的详略，西安事变时周恩来何时去西安，淮海战役时白崇禧是否阻扰援军，等等。至于《陈立夫回忆录》的重要何在？属性如何？究应如何下笔？这些现代史学的基本方向，却很少有人提到。因此一般评论家所聚讼的，都集中于"树木"，没有顾虑到"森林"是怎么回事。

可是在一九五八年的夏秋之交，茱莉和我却为这"森林"问题而大感苦恼。因为我们那时尚无"树木"可伐，但是"森林"的意象，却要首先掌握。

第一，我二人都是当年全美首屈一指的哥大历史系毕业生。在校中我们二人同修的第一堂必修课便是"史学方法和历史哲学"（那堂有名的奈何桥鬼门关的"史学二〇一"）。我们在现代史学上的训练，最重要的便是这个"基本方向"，这片"森林"的蓝图——假如我二人都有志做个"职业史学家"，而不甘心只做个新闻访员的话。

第二，我们工作的对象，陈立夫、顾维钧、李宗仁……他们接受哥大校长寇克的正式邀请参加哥大口述史的个人目的都是各写一部书。这与一般美国政要如副总统华莱士等，只是接受访问、留下口述纪录不同。例如李宗仁，那时我就知道他要写一部"明冤白谤书"；顾维钧则要用崭新的西方史学方法，写下他二十世纪东方第一外交家的丰功伟绩；至于陈立夫呢，我们知道他和夫人都牢骚满腹——对国共之争，败得"不服输"，对党内新老派系（蒋经国、陈诚）在台湾之排挤"CC"，心怀愤懑。陈孙禄卿夫人就曾说过他们到新泽西州开鸡场是因为"鸡脸比人脸好看"。所以立夫先生那时著书的目的是要学司马光，在党争失败之后，来写一部以他个人为中心的《资治通鉴》，也就是现在的"成败之鉴"。只是他四十年前和四十年后的成败观点，大有不同罢了。四十年前的陈立夫怎会想到要动用一亿美金，去援助中国共产党，建筑"北方大港"呢？四十年前的中国共产党一直宣称要"引渡"美国新泽西州的那个鸡场老农、蒋宋孔陈四大家族的首要战犯，回国接受公审判刑（我记得曾在陈家鸡场，以此为话题和立夫先生说笑）；四十年后的今天，立夫先生如往北京观光，岂不会受到红毯铺地，夹道欢迎的待遇？内战本来与外战有别。当年国府还不是把它通缉过的"曹贼"（曹锟）、"吴贼"（吴佩孚）追赠"一级上将"？此一时也，彼一时也。这就是《陈立夫回忆录》前后两种时空不同文稿的分别所在了。

可是以上所说，只是"历史制造者"在主观方面观念的变迁。至于"历史记录人"在客观方面的记录与评论，则时间就不应该是前后记录，水火不容的因素了。历史家应该是绝对客观的，他不会因为撰著时间的不同，而对同一桩史实有不同的结论。

国民党党史的"阶段性"和"区域性"

一九五八年执笔之初，在基本方向上，茱莉和我二人对《陈立夫回忆录》这片大"森林"，曾有过总体的认识。一言以蔽之，这认识的关键语言便是"蒋家天下陈家党"。一部陈立夫回忆录便是一部（一段）国民党党史。问题是这"回忆录"究竟涵盖了国民党这家"百年老店"店史的哪一段（"百年老店史"的作者蒋永敬教授后来也在哥大进修，我们过从甚密，可说无话不谈），而这一"阶段"在史学上又具有何种性质？

为此，我们当年对国民党的党史，也曾作过"宏观"的剖析——我们那时认为（现在仍然未变），一部国民党党史有其浓厚的"阶段性"和"区域性"！笔者在一九六〇年创刊的《海外论坛》上，第一篇论文所强调的便是"中国现代化运动的阶段性"。国民党本身（和继起的共产党一样）便是中国现代化运动中的一个"阶段"，它本身即具有浓厚的阶段性，而各阶段亦各有其浓厚的区域性。一九六〇年底移居香港的茱莉，读过"论坛"之后，曾给我写长信讨论此问题。不幸笔者因生活简陋，把这些论学都未加保存。只是近月检读哥大校方所保存的口述史老卷宗，其中仍保留有她与韦慕庭的往来书信。在这些书信中，还有些我们对此事的讨论（见哥大COHP 老卷宗一九六二年十月十八日韦慕庭致夏连荫书及一九六三年二月二日夏致韦函）。

大致说来，我们认为国民党自一八九〇年（光绪十六年）由杨衢云等在香港创立"辅仁文社"开始，经过一八九四—九五之交，因孙逸仙先生加入而改名"兴中会"，至一九〇五年"同盟会"成立，这第一"阶段"是广东青年华侨之组织。会员中不说广东话的可说绝无仅有，懂英语的也不算稀罕。因此它有着浓厚的广东地方色彩。

可是国民党史的第二阶段，从"同盟会"至"国民党"时期（一九〇五—一九一二），其主流派（且借用一个目前的名词），则从海外华侨转移到中国内地年轻的士大夫阶层了。中山因享名国际，被推为"同盟会"的盟主（总理），而同盟的个体和团体盟员，实以两湖及江浙地区原有的地方组织"华兴会""光复会"等为骨干。其后"武昌起义"也是那些与"华兴会"有血肉关系的两湖地方小革命团体"共进会""日知会"和"文学会"等猝然发动的，甚至与"同盟会"并无组织上的关系。后来中山以革命元勋返国，出任"临时大总统"，多少也与两湖领袖黎元洪（湖北）、黄兴（湖南）两派内争有关。当时革命军一军三旗，只有广东都督胡汉民，用的是"兴中会"的"青天白日旗"。因此，中山于一九一一年底兼程返国至香港时，胡汉民还力劝其"不可北上"。

所以那时革命党的主流派，是以黄兴、宋教仁所领导的两湖系为主，以陶成章、陈其美所领导的江浙帮为辅。孙中山先生虽高高书在上，为中国革命运动之超级巨星，然以革命党内政治活力来衡量，广东集团或广东帮，反居次要地位。可是其后在革命进程中，尤其是反袁斗争中，陶成章、宋教仁、陈其美相继被刺，黄兴亦遽殁，两湖系与江浙帮群龙无首，革命党主流派领导权，乃再次转入粤系的孙、汪、胡之手。因此在国民党党史中，从"中华革命党"之成立（一九一四）到"中国国民党"改组后之"第一次全国代表大会"（一九二四），党的广东地方区域性就特别浓厚了。不特孙总理集党政军大权于一身，他的主要助手汪精卫、胡汉民、陈炯明、许崇智、朱执信、廖仲恺……也都是一字号的广东人。国民党的天时地利人和皆集中于广州一城。其时中山笔下的军人多是"外省人"，如谭廷闿（湘）、程潜（湘）、朱培德（滇）、刘震寰（桂）、杨希闵（滇）、范石生（滇）、熊克武（川）……他们几乎全是在各自母省之内争权失败，被中山招揽，到广东来"就食"扰民，引起"本省人"极大之反感。因此这一时期正在搞联俄容共的国民党中的主流派领导权，是以粤籍同志为中坚的。

这一阶段以粤系为主的区域性，在中山逝世（一九二五）之后，随着蒋介石之崛起而又迅速转移。至一九二六年三月二十日"中山舰事变"之后，国民党主流派领导权，便转入江浙帮了。同年五月"党务整理案"实施之后，张静江先生以中央监察委员身份，竟出任中央执行委员会主席。这时以兵谏而赶走了国民政府主席（兼党委主席和军委主席）汪精卫的蒋介石校长，就自任中央组织部部长，而以陈果夫为代理部长，集党政军大权于一身——这也就是"蒋家天下陈家党"的起步了。

自此粤系元老胡汉民、汪精卫、谭平山（原组织部部长）、许崇智（原粤军总司令）一时俱黜。党中其他派系如汪氏后来另组的非主流"改组派"，孙科的"太子系"，李、白的"桂系"，谢持、邹鲁的"西山会议派"，陈独秀、董必武、林祖涵等"跨党分子"的"共产派"和邓演达等后来所组织的"第三党"……通统都变成了以江浙帮为骨干的国民党主流派（那时叫"中央系"）以外的"非主流派"（再借用一个目前的时兴名词）。

这一来，国民党党内主流与非主流之间就斗争无已时了。但是这个以江浙帮为主的主流派中央系，却能不管最大狂风起，稳坐钓鱼台，在党内掌权，自中山舰事变（一九二六）至蒋经国逝世（一九八八），达六十二年之久而不稍衰，直至李登辉异军突起，这个江浙帮中央系才被"闽南帮"或"台湾帮"夺了权、篡了党，而

"退居二线",变成了"非主流派"。但是它毕竟当权六十年,百足之虫,死而不僵。在这一"新阶段""最近阶段"或"最后阶段"中,在新兴的"闽南帮""台湾帮"掌握主流派领导权的情势之下,党内斗争,搞"护党救国""反对独裁"的新闹剧,将如何收场?将来有没有继起者?继起者又是哪一路英雄?我们剧评家、历史家,和数千万甚至十多亿的观众,正拭目以待呢!

百年老店回头看,历史家已可肯定的结论,便是自杨衢云、孙中山组党革命开始,到蒋经国"开放党禁",到李登辉"总统直选",每一"阶段"的嬗递,和每一"区域性"的转移,都有其"进步性"。以此逻辑类推,则国民党这家百年老店,对辅导多灾多难的中华民族,将来驶出那惊涛骇浪的"历史三峡",还是有其过去的(革命)"功勋",现在(还政于民)的"成就",和将来建立(千年制度)的"机会"的。

只是三峡里未翻船,将来别在阴沟内翻了船就好了!

以上"阶段性"和"区域性"的看法,是笔者和茱莉于四十年前,开始写陈立夫和李宗仁回忆录时,对国民党演变史的基本看法。近四十年来的中国近代史,并没有反证我们那个小小的进化论。历史家的"客观性",虽然没有变,而历史制造者的"主观性",就难免有时间的差异了。这也是立夫先生一书两稿的区别所在。

　　笔者附注:读者之中,尤其是习惯于写党史和读党史的朋友们,可能嫌我们把"区域性"说得太严重了。其实从行为科学的观点来看,这只是一种不知不觉中的行为规范。在交通落后、方言处处的第三世界社会里,只是个很普通的政治行为罢了。君不见我国史上自秦始皇统一中国以后,哪一个朝代和王国的名称没

陈立夫和蒋经国

1979年，蒋经国（后排右二）与陈立夫（左二）的家属及友人

有其区域性？迨蒙满入主中原，不敢用其区域名称才改用元清等抽象名词。这样才使朱元璋也用个抽象名词。但元璋初起时，还不是自称"吴王"。民国时代的军阀，哪一个不是区域军阀。区域性在现代心理学上是一种"潜意识"。潜意识是支配人类"行为"最大的魔鬼。

白马非马，黄鱼非鱼

我们既对国民党党史有上述的看法，那我们下笔写"桂系通史"（《李宗仁回忆录》）和"蒋家天下陈家党"的"国民党通史"（《陈立夫回忆录》），就有其下笔的原则了。关于"撰写《李宗仁回忆录》的沧桑"，笔者曾撰有长文，不再提。至于撰写《陈立夫回忆录》的沧桑，在茉莉于一九八二年斋志以殁之后，就成绝响了。当今史家连这部"残稿"之存在都不知道，至于它的内容与撰述经过就更没人知道了。为纪念亡友茉莉的一番心血，笔者自觉有此义务与责任为她未完成的巨著，略叙梗概。这也是我此次应张绪心教授之宠召，不远千万里于盛暑之际，赶来香港，参加盛会的一点小小心愿。

在当今世界上，知有茉莉"残稿"之存在，并略知其内容和撰述经过的，严格说来，只有三个人。第一便是今日已九五高龄的立夫先生自己。第二位便是哥大已退休教授韦慕庭，韦氏也已八十八岁。第三便是笔者小可自己，今也年逾古稀。

立夫先生是口述人。口述以外的琐事，他也所知有限。四十年前他口述些什么，恐怕他也记不清了。至于茉莉对他发问的问题是如何拟定的，他老人家就更不知其底蕴了。

韦慕庭是我们哥大口述历史主持人。他主要的任务是向校内校外找钱，那是很辛苦的。他第二项工作则是读茱莉和我的"清稿"。那是他的职业兴趣，读起来轻松愉快。不幸的是茱莉的《陈立夫回忆录》，始终未达到"清稿"阶段。她死后留下的八百页鬼画符的残稿，韦老板读了多少，又读懂了多少，我都不敢代言。只记得在茱莉逝后，他找了个锁匠，打开了茱莉的八宝箱，才惊奇地发现了那八百页残稿的。

可是笔者我就不同了。茱莉在动笔之前，其内容都是我二人商议过的。录音打字之后，更不用说，没有一页我不知道了，有些甚至是出自我的"馊主意"。韦慕庭是位美国教授，有对学术保密的美国癖性，他不许我二人互看文稿。但是茱莉却时时以文稿示我。前节已言之，没个我坐在对面，她对"白马非马、黄鱼非鱼、盒子炮非炮……"等日常的小问题便无法解决，字典也查不到。俗语说："蛇服花子管，马服相公骑。"韦慕庭这位老管家，不许我和小姐接近，但是小姐要管蛇，却少不了这个老叫花。所以韦公也就无密可保了。洋老板怎知，咱中华文化中"瞒上不瞒下"的国粹？

更重要的一点是，在茱莉开始访问之前，她对陈立夫是何人，也模糊不清。那时的港台都还是沙漠时代，《传记文学》《名人小传》一类的参考书籍，都还未出世。用功读书，也无书可读。跟她相比，我就难免是个专家了。一次立夫先生告诉她说："唐德刚的丈人很能干。"她回来问我丈人是老几，如何能干法？我当然如数家珍。

"这都是Sharon告诉你的？"茱莉好奇地问我。Sharon是我老伴的洋名字。我说："是我告诉Sharon的。

茱莉当年同我对话，经常都用英语。一次她告诉我说她与陈博士有一段小argument（辩论），使她很难下笔。原来立夫先生告诉她

"爵士乐（Jazz）是个坏东西"。

"TK，"茱莉回来惊奇地告我，"陈博士说，爵士乐是个坏东西！这么好的现代音乐，他说是个坏东西。你叫我怎样写呀？"

"茱莉，"我说，"以前在中国，我是同意陈先生的；今日在美国，我同意你。""噢，TK，你怎么这样没有原则呀？"茱莉撒娇式地骂我一句，其神情简直同我的胞妹一样。她曾在美国有名的"茱莉亚音乐学院"读过一年，酷好爵士。"茱莉，"我老气横秋地告诉她，"美国的好东西，在中国不一定不是'坏东西'呀！"

为此，我陪她喝了数杯咖啡，还是说得她将信将疑。今日我们如把同一问题，向港台两地唱卡拉OK的小青年解释，恐怕也是说不清的啊！当今的卡拉小青年，哪有她的音乐水平？

部长·训导长·王铃·李约瑟

总之，茱莉最早对陈立夫先生的了解，是根据我的口述名人传。因为陈氏原是我战时考大学的总主考、贷金发放者、闹学潮的对象、美国鸡场打工的老前辈，最后做了我婚礼上的女方家长，累得我叫他"陈伯伯"，叫了四十年未改口——我这大套"CC女婿"的见闻，都是茱莉所没有的。她记录下来都是她访问陈府的背景史料，可大派用场。其后她大撰其《陈立夫回忆录》时，她案头这部活学活用、有问必答的名人大辞典，对她的影响也很大。所以在谈她的"残稿"的同时，谈谈我所接触的陈立夫先生，也该不算是浪费篇幅。

我第一次见到立夫先生是在抗战开始那一年（一九三七年）。那时我在南京读高一，参加学生集中军训。军训三月中，每周都有"名人讲演"。在十多个讲演的名人之中，立夫先生是最年轻、最漂亮的一位，朝气勃勃。他是学工程的，讲演中不时举出科学的例子。我记得他讲"团结意志、集中力量"的格言，便用"锤子敲钉子"为例。据说后来陈氏首次在重庆讲演，也举此为例，曾引起哄堂大笑。因为这五个字在四川土语里，有颇为不雅的含意。

　　我第二次见到立夫先生，那便是在重庆沙坪坝中央大学的时候了。这一次弄得好紧张。原因是当年"贷金"项下，平价米所煮的"八宝饭"（饭中含有鼠粪、砂子、煤屑、糠秕等物），实在难以下咽。同学们认为这是发放平价米的政府机关里，经手的贪官污吏捣的鬼，因而愤愤不平。一次教育部陈部长来校视察，我们当届的"伙食团"团长王铃（史系四年级）认为告状的机会来了。他要我（史系二年级）帮他写一封"上部长书"。因为我也是"桌长会议"选出的"伙食团秘书"。我们拟稿时，王铃坚持把"反贪污"和"青年营养之重要"诸条，写得火辣辣的。当部长视察、训话完毕要上汽车回部时，王铃就把这封"呈文"亲自送呈部长，而部长拒收。王铃火了，一屁股把部长座车车门抵住，不让部长上车。这一来，部长的警卫、中大的校警，乃至送行的罗家伦校长都慌了手脚。警卫强拉王铃，王铃抵死不去，一时秩序大乱。幸灾乐祸的旁观者又鼓掌呼噪为王铃助势——这一下，不得了，问题就多了。王铃的学籍也摇摇欲坠。后来总算被我们的"训导长"张庆桢教授"顶上去"，算是把王铃的方帽子保全了。风平浪静之后，张训导长把我二人叫到训导处去。我今日还一字不错的记得，训导长向王铃说："王铃呀！你要感激我呢。没有我你现在就不在沙坪坝了……"王铃连连鞠躬说："我感激训导长，我感激训导长！"

　　张训导长又转身向我说："唐德刚呀，你是好学生，为什么要和王铃在一起胡闹？"我说："报告训导长，那是伙食团大会决定的。"张训导长又望着我叹口气，说："重庆报刊这么多。写文章哪里不能'投稿'，要'投'给部长？"训导长慢慢地摇头叹息。我二人乃鞠躬而退。

三十年后，王铃从英国到纽约来找我。我二人在一席好酒好菜中，欢谈了数小时之久。王老头去后，我发现我书桌上有一包古怪的东西。打开一看，原来是一副假牙。王铃这臭老头还和沙坪坝时代一样，慌慌张张、毛毛躁躁的，连假牙也丢了。累得我开了十多英里的汽车，把假牙送去，因为他当晚就要去澳洲了。

去夏我在南港听说，王铃已在澳洲作古了。我对这位不修边幅、胸无城府、天真烂漫的老学长，真有无限的怀念。笔者所以啰啰唆唆写了这许多鸡毛蒜皮，其原因盖有如下数端：

第一，立夫先生在其《成败之鉴》里，曾提到这次中大学潮（页三〇六），但他不知这学潮的底细，所以我替他补充一下。

第二，王铃这宝贝，中大毕业后留英，竟与李约瑟合著最有卓识的《中国科学史》（第一卷），成为名扬中外的科学史家，而李约瑟的科学史却是立夫先生最心折的一部巨著。立公曾使用全力，企图把此书回译成汉文。立夫先生哪里想到这位名闻中外，先后讨了两个英国老婆的名科学史家王铃，便是当年曾以屁股抵住他车门的小顽童！天下事也真是难以逆料。

陈家是"一户穷人"

我再次见到立夫先生便是在战后的南京了。我有位族叔唐盛锐

（字石毅，现在还在广州任一家宾馆的总经理），他那时在南京中央饭店结婚，新娘叫郭网瑚。他二人不知有何本领请到立夫先生作证婚人。我被派作前门总招待。穿上我唯一的一套新西服，佩上红玫瑰。证婚人下车时，我第一个拥向前去欢迎，并和证婚人握手。这时我看到当年十分仰慕的江南才子，已白发绕头，"年届二毛"了。这时也正是"蒋家天下陈家党"的巅峰时代。一个街坊小青年能和一位大党魁握手，在那时的中国也算是个异数了。记得抗战末期，我在"五战区"做个小职员。一次我们的司令长官李宗仁将军驾临视察，我想一看司令长官是什么样子。可是未及座车二百码，我已被两把哨兵雪亮的刺刀阻住了。在那破烂而伟大的官僚中国里，我们对高官大将"敬礼的资格"都没有啊。握手岂非异数？！

想不到三年之后，我居然又同立夫先生真正握手谈笑了——那是在美国纽约的皇后区。笔者是一九四八年考来美国留学的。第二年国共政权便在大陆易手了。一时国民党治下的大小官员涌来纽约者如过江之鲫。其中CC系的小官多半是国民党政治学校的毕业生，有许多我们在重庆，甚至中学时代便已熟络了，包括我的族叔唐盛镐，他在重庆时代，便鼓励我进政校。政校是当年"大后方"最难考取的大学，因进校不愁衣食，出校不愁失业故也。那时国民党领导抗战，声望弥高。可惜当我在中学毕业那一年（一九三九年），它却停止招生一年，否则我也可能进入政校也。政校未进，而政校学生可认识一列车。如今一同打工上学，熟络非凡。由小及大，一下CC系统流亡美国的中上级大官也认识小少，如张渊扬、项定荣、潘公展、胡定庵、赖琏、顾毓琇、黄宇人诸先生……，都时相往还，这也算是一种异数吧。后来立夫先生也远自台湾到皇后区卜居，变成CC流亡政团的最高领导。但是流亡无大小，在各种社交场合，老朋友们爱屋及乌，我有时也混迹其间，和立夫先生说笑了。

这些前辈中尤其以曾任政校总务长的张渊扬先生印象最深。他那时年方四十，精力犹旺，原和他的学生、我的中学至交许正中和我三人，一同打工洗盘碗，亲如家人。后来张公也在立夫先生鸡场附近开一小鸡场，也和陈家鸡场一样，因鸡蛋跌价而"破产"——在美国法律中，"破产"意义是分文不名，所有债务一笔勾销。而张君不愿遵从美国法律来"赖债"。因为他的债主多系中国友好穷人，按美国法律赖债，他心有不忍。坚持打工还钱，这使我对他刮目相看。就在这鸡场时期，我每驭我那五十美元买来的破车去张处叙旧，并带点廉价食品（如一元一大篓的肥桃）送他。张不忍独食，总领我一道去陈家串门，我们一待一周末。这时立夫先生仍穿着当年部长的披挂（西服领带），带我这个学徒去实习收鸡蛋、清理鸡粪、换水、喂鸡……一大套鸡场作业，十分辛苦，而我们有谈有笑——真是"回也不改其乐"！后来他们鸡场倒闭，又烧了一场大火，立夫先生改制豆瓣辣酱去中国城市场兜售为生。可说清苦不堪。

撇开朝政不谈，就以士君子立身处世来说，陈家这幅全家上下和睦、不怨不尤的清寒图景，颇使我这个亦东亦西的史学博士生，肃然起敬。记得在一九七二年底，托"上海公报"之福，我以第一批旅美教授的身份回大陆探母，颇受礼遇。在一次党史组织约谈会上，主人们谈到了"蒋宋孔陈四大家族"。我便直率地说，其他三家我不知也，至于"陈家"我则深知是"一户穷人"。我把陪立夫先生收鸡蛋的故事，都讲了出来。说得全场大惊，"地陪"失色。会后我的至亲好友闻讯都惴惴不安，说我犯了"原则性的错误"——怎能替万恶之首的"四大家族"辩护呢？

在美国新泽西州开养鸡场的晚年陈立夫

"CC"遥看与近观

那时我们在陈家，以及其他社交场合，工余最大的娱乐节目，便是听立夫先生讲故事，他有说不完的历史掌故，我们也有听不完的兴趣。因此他今日写在《成败之鉴》里的最轰动的章节，我们大致在四十年前就耳熟能详了。

不特此也。我于五〇年代中期在纽约华埠的华文新闻界打工，有一度几乎天天都与潘公展先生一起吃午餐。他那时在主持纽约"CC系"的喉舌《华美日报》，从总编辑到排版、校对、扫地工友，一脚踢。和今日我的老友陆铿一样，干新闻，老而弥健，从不泄气。他每日与我喝咖啡，每日都有新的"旧闻"出现。一九五六年秋我还把他的故事的一小段写成《潘公展：申江二十年报林掌故》一文在一纽约侨刊上发表之（见《生活》半月刊，第一二二期，一九五六年九月一日，纽约出版，页七一八）。可笑的是，这篇短文，居然是我这位"口述历史老兵"生平所写的第一篇"口述历史"。

《华美日报》是那时海外"CC系"的神经中枢。陈立夫以次，海外"CC"的要角如项定荣、赖琏等都是"股东"和"社论委员"。我既与潘公日日过从，因而与在美东"CC"其他巨擘亦无一

1989 年，陈立夫（左）与本书作者唐德刚合影

不熟，日久也就无话不谈。

更巧的是，在一九五六、五七年之间，我在白马文艺社里碰到一个正在看《资治通鉴》的女社友吴昭文，鉴我也是读"通鉴"起家的，所以一谈就拢。一九五七年底我的博士论文也算完工，我们就绪婚了。想不到她也是个"CC"高干的女儿，她爸竟然请了立夫先生来做我们的"女方家长"。立公既来，则大纽约区"CC派"老幼贤达，几乎全部枉驾。以致亲友来宾签名者有数百人之多（我二人只买了"甜点"七十元待客）。婚后老婆叫"陈伯伯""潘伯伯"，我也就跟着叫了；她叫伯母长、伯母短，我也把伯母、伯母叫得甜甜蜜蜜的，至今未改口。这些伯伯、伯母，原都是一批男女"高知"，很正常的中国士大夫。虽然搞政治亦难免于朋党之见。我既然变成"'CC'的女婿"，他们也不把我看成外人。后来我因公访台，每承岳丈的好友余井塘、萧铮、胡健中、洪兰友、陆京士、王新衡……诸前辈盛宴款待，亲如家人，我与他们的儿女，也处得如兄若弟。有时还受托为他们携带点不便邮递的物品，到美国转给"陈伯伯"呢。我夫妇虽都对政治没兴趣，与任何党派绝缘，但是在外界人看来，我们也是"CC"的"圈内人"呢。当然我们对"CC系"个体领袖之熟识，对其团结如铁桶一般之集体意识之认知，也确非"圈外人"所能及。这些都是哥大口述计划诞生之前的事。在这些方面，则那位在一九五八年后才替立夫先生写传的天真美丽幼稚的小茱莉，和我这个老油条相比，就简直是个刚会走路的娃娃了。可笑的则是那位在哥大主持口述史政的韦慕庭教授，敝帚自珍，却严令茱莉把她的文稿向我"保密"，而茱莉却偏偏私下以文稿示我，向我讨教。这就不是外国汉学家所可理解的了。

更可笑的则是，当我初次向李宗仁将军（桂系）和黄郛夫人（政学系）访问时，他二人对我都存有"戒心"。因为他二人都认为我是"CC的人"。每提到"CC"，他二人选词用字都十分慎重。日子久了，他们才渐渐知道，我们写历史的，对任何事物，都没有先入为主的成见。只要无乖于历史事实，他（她）怎说，我怎写，因为这是他们的书。他们对历史的评论与解释，我纵不同意，亦秉笔直书无讹。历史学家如另有解释，则不妨另以"论、赞"分别写出之，二者不可混淆也。这在"新闻学"的"职业道德"上，便叫作"新闻归新闻，评论归评论"。新闻是客观的，评论是主观的，二者不可夹杂也。这也就是真历史与假历史之别。真历史是史实归史实，赞论归赞论。搞"以论代（或带）史""隐恶扬善""为亲者讳""信口诬蔑""挖补照片"……那就是假历史、"曲笔"和"秽史"了。这类曲笔、秽史，在今日坊间是汗牛充栋的。所以我劝茱莉，对如何处理立夫先生的"爵士乐是个坏东西"这句话，应该是"他怎说，你怎写"，千万不可以"己意"妄改"他言"。你自己有"评论"，另书之可也，二者千万不夹杂。这也就是国史家与党史家之别了。读史者不可以读党史的习惯读国史。治史者更不可以治党史的书法，写国史。因此从治国史的观点来看，《陈立夫回忆录》便是国民党中"江浙帮"当政六十二年中，前二十五年（一九二五—一九五〇）的国民党党史。这二十五年是国民党的巅峰时期。它的党、政、军、特、教育、文化、外交、财政……无一与陈氏兄弟无直接关系；也没一桩大小政事，陈氏兄弟不知其来龙去脉——所谓"内幕"也。但是这二十五年中，包罗万象的"蒋家天下陈家党"的"蒋家天下史"或"陈家党史"，都不是蒋、陈二公退休后自己可以做的。他们需要有魄力能苦干的史学家的帮助，才能动笔——这也是有远见、肯苦干的史学家，应该着力的方向。

以上这段小哲学，是茱莉和我私下拟定的。她最初拿到《陈立夫回忆录》这份差事，其热情远超过我写之"桂系通史"（李宗仁回忆录）。她有野心要写出一部轰动世界的名著。她后来终于把这部书弄成那样糟糕的一部残稿者，最大的原因是，这份工作是个老和尚、苦行僧的工作。它不是一位珠光宝气、千娇百媚的富商独女，在闺房之内请碟仙一类少女的玩意。加以她这独生女，上有年迈双亲对掌上明珠无限的娇惯，中有洋人老上司无比的怜惜，下有美国名大学内若干白马王子遥遥的爱慕。要这位娇惯任性的小公主来做老和尚的苦行工作，其失败是在开始时就注定了的。

在一连串的挫折之中，受损受气最大的当然便是陈立夫先生了。立夫先生在气得吹断胡子之后，于耄耋之年，始发愤自己执笔。在最近才完成的《成败之鉴》中，他对上述曲折，也曾略微提及（见该书三九三页《中国近代名人史料纪录之创始》）。

其实立夫先生对当时哥大内部的运作，并不太清楚。笔者在拙作《撰写李宗仁回忆录的沧桑》（见近版《李宗仁回忆录》附录）一文中曾略有交代。今再为这部《陈立夫回忆录残稿》，增补数语。也算是海外汉学界的一段掌故。

哥大的"中国口述历史学部"的起源

二次大战后，哥伦比亚大学研究"中国学"的部门，原有一系一所。系是"中日文系"（后改名"东亚语言文化研究系"），所则是"东亚研究所"。"所"的本身无正规教授，它是由校中各"系"里，研究东亚学教授的联合组织，同行互相切磋的地方。

另外校中还有些研究中国问题的"临时组织"，所谓project（可译成"计划"或"学部"）。它在学校没经常费，靠校外筹款。谁筹到钱，谁办。筹不到钱，就关门大吉。

在五六十年代之交，这类研究中国学的临时"计划"，全校共有三个：（一）"中国历史学部"，研究汉史、辽史。主持人是位德裔老汉学家叫魏复古；（二）"中国名人传研究计划"，主持人是位转业外交官叫包尔曼；（三）"中国口述历史学部"，主持人是哥大历史系中国史教授韦慕庭，立夫先生在《成败之鉴》中译为"韦勒伯"。这三人中只有韦慕庭是哥大正规教授，其他二人，有钱就办，没钱就卷铺盖。

一九五七年底，韦慕庭忽然筹到万把元的小款。乃提升原只拿"钟点费"（二元五角一小时）的两个小助教——茱莉夏和我，为全时副研究员（年薪五千三百美元）。另由哥大寇克校长具名邀请当时定居纽约的五位中国政要，来参加我们的小"计划"，由茱莉和我分别去"访问"并"录音"。这五位名人是：胡适、孔祥熙、陈立夫、李宗仁和顾维钧。

茱莉喜欢"中央系"，她就分到了孔祥熙、陈立夫。剩下的胡适和李宗仁这位"杂牌"就由我承包了。顾氏如上节所述，原由我二人轮流。后来茱莉觉得威灵顿（顾维钧英文名字）"难缠"（需查太多史料），而顾又坚持点名要我这个笨鸟，他就变成我的难缠的对象了。（关于顾氏点名事，见COHP哥大老档一九六三年二月六日韦慕庭致夏连荫书，顾亦有数通私函给我。）以上便是哥大中国口述历史学部发轫的大略。

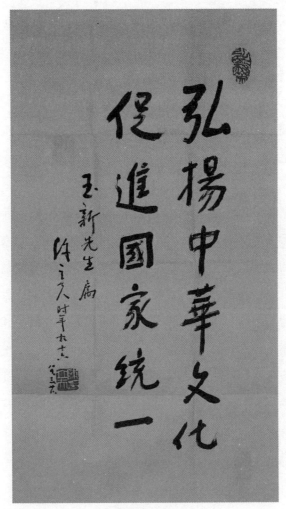

陈立夫书法

"受者"认错"施者"

一九五八年春，茱莉和我做得很起劲，成绩斐然。同行各山头（哈佛、耶鲁的寨主们）众口交赞。韦老板大悦，乃动念头申请大钱、大干一场。这就是立夫先生所说的"并以我的回忆录第一章作范本，向福特基金会申请批准拨助经费"（见上引陈书页三九三）。这都是事实。一九五九年福特基金会果然拨款十五万美元。我们这小计划，一下便"阔"起来了，竟然比东亚研究所更有钱。茱莉和我的年薪也递增至六千美元。

作者附注：这时包尔曼先生曾派其副手来悄悄找我，许以七千五百元高薪，要我"跳槽"。魏复古的夫人也来向我哭诉，要我回去搞汉史。二者都被我婉拒了。那时美国经济复苏，跳槽教书，万元高薪亦唾手可得。我无心转业，主要的原因是中国士大夫的头巾气，认为跳槽不道德。第二则是我热爱口述历史的工作，不忍舍之而去。但是在美国，通常的办法，是把挖角情报，公开告诉你的雇主，他会自动加薪的。这对一个雇员来讲，是件很光荣的事，而我对韦慕庭教授（当时的东亚所所长）竟未露半句口风。谁知他对此事也完全知道，只是对我也未露半句口风罢了。我近查哥大已公开的档案，才豁然大悟，也难免有些感慨。（见一九五九年五月十四日韦慕庭致包尔曼书。）

学部既然有钱了，那时被韦氏招揽来作口述史副主任的何廉教授，也拿办公费一千五百元。饮水思源，韦所长也就想起了，开鸡场破产，以出售豆瓣酱为生的陈立夫来。他知道中国士大夫穷且益坚的怪癖，乃转个弯聘请立夫先生为"哥伦比亚大学东亚研究所高级研究员"，并赠研究津贴美金三千元。这是件很光荣的事。立夫先生接受了，韦氏也了结一桩心愿。（见C.Martin Wilbur to Richard Herpers，Spept.30，1961 in COHP Correspondence Box 40.）立夫先生对此事显然不知底蕴。因此他在书上说："此时我经济困窘，好友何廉先生在哥伦比亚大学任教，他好心的去和校长商量，聘我做高级研究员。"（见陈书页三九三）这在佛经上说，便叫作"受者"认错"施者"了！其实那时经韦慕庭所长聘任为"高级研究员"的还有一位左舜生先生。左公在访问哥大返港途中，呕血不止，情况危急。他的学生吴坤淦先生写信给我，我乃签转哥大东亚所告急。后来听说韦公也送他三千元，详情我就不知了。近查哥大老档，却未见当年原件和下文。

读不完，说不尽的"残稿"

福特的巨款当然改善了我们工作的条件，尤其研究助理的时数可大量增加。用西文为一般中国政要（尤其是不习惯用西文撰写和交谈的军人和政要）写回忆录，其关键不在助手时数的多寡，而是执笔人本身的社会文化背景，和苦行和尚的功力问题。

茱莉和我开始工作时，二人都遵循美国口述史的老办法来访问录音。可是我迅即发现，如我们工作语言，纯用英语（如向不使用汉语的顾维钧或喜用英语的蒋廷黻）问题不大。如英汉夹杂，或全用汉语，再回译英文，那问题就多了。

茱莉和我分撰陈、李二稿时，我们首先都是用国语交谈，国语录音。然后由助理，或自己，从录音机中将全部内容，誊成对话录。再根据这对话录改编出英文故事，重行录音。再由熟练打字员听音打字，打出初稿。

这件"初稿"之完成，据当时数据统计，两小时录音的助理费用，大致是五十美元。换言之，两小时华语录音，要二十小时助理时间（每小时工资二元五角）来配合，始能完成三、五、七页"初稿"。（见上引老档Wilbur to Mrs.Phoebe Hsia，Jan.30，1958；Wilbur to Hu Shih，March 6，1958.）韦慕庭写信给胡适，则是劝胡老师在访问时和我少说中文，尽量用英语，以减少誊录费用。

再者，这件"初稿"问题还大呢。第一，它未经受访者过目；第二，其内容之查对正误所需的时间，那就是自零时至数十数百小时不等了。顾维钧就是因为我纠正了他口述中的几件大错，而抓住我不放的。

这种浪费的西为中用的做法，一开头，我就认为不能用。后来我写《李宗仁回忆录》就改为了五个步骤：（一）访问笔录；（二）中文撰稿；（三）受访者核阅改正认可；（四）中文清稿；（五）英译定稿，一身当之。所费有限，而进步甚速（详见近版《李宗仁回忆录》附录）。

至于那些能够自撰中文稿，但需英文增补嬗译的受访者，如黄郛夫人和李汉魂将军；以及那些能够用英语做有条理的口述，但需协助编排，考订史料的受访者，如胡适、顾维钧、吴国桢，那就更能顺流而下，教学相长了。所以我那时手译黄郛（见《亦云回忆》自序二）、口编顾维钧的速度，东亚所那打字姑娘是几乎跟不上的。助手时间不够，积稿未清，竟使顾公抱怨，而令韦老板向茱莉写信，暗笑"vkwk（顾维钧英文名字缩写）"是"老狐狸"（见老档一九六三年五月三十日韦慕庭致夏连荫长函）。

　　茱莉之不幸是她自一九五八年一开始，便碰上最难的题目"孔祥熙"。接着是陈立夫、左舜生（立夫先生误记为曾琦）和张发奎都是些纯中国背景的题目，与她的教育社会家庭生活的背景，完全背道而驰。一切要从"盒子炮不是炮，黄鱼不是鱼"开始，哪有完了的时候呢？但她又争强好胜，一切（当然包括学问）非至善至美，绝不甘休。可是我们这个世界，原是个适可而止的阿Q世界，哪有什么至善至美的东西呢？结果她在中国口述历史学部全时工作了九年之久。《陈立夫回忆录》又是她毕生心血所注，最后只留下八十五页的"清稿"和八百页的"残稿"，睹物思人，能不令老友同学们心碎？"残稿"的内容是挖掘不尽的了，有暇当在民国史中段嵌入之，以慰好友于地下。

　　茱莉是我平生所见最聪明、最美丽、衣着最入时，学问最深邃，谈吐最高雅的异性好友之一。可恨造物忌才，她心比天高，而命如纸薄。彩云易散琉璃脆。怀念茱莉，细读遗篇，是写不完的了，就此打住吧。

一九九五年六月十六日于北美洲

谦谦君子袁同礼

袁同礼（守和）先生是二次大战后侨居美国的诸多华裔学人中，对笔者有深远影响的前辈之一。他生于清光绪二十一年（一八九五年）乙未，生肖属羊。这年龄正在我父母之间——先父属猴（一八九六年），先母属马（一八九四年）。袁公属羊，正是马猴之间，所以我一直把他看成父执辈。中国的传统习俗，也使我对他老人家"执礼甚恭"。

袁氏是位谦谦君子。虽然在任何一面，他都是我的长辈，但他向不以长辈自居；对我们这些晚辈（尤其是同行），他一视同仁，以朋友相处，所以也可说是"忘年之交"。但是从我的立场看，他则永远是"亦师亦友"的。在早期的教学和研究工作上，袁氏手著的许多目录学著作，都是我长置案头、随手翻查的重要参考书，至今未废。而袁公不懈的研究工作，有时也找上我做研究助理。例如在确认胡适之先生在哥大得博士的年份一事上，袁公最后用"一九一七（一九二七）"的说法，就是根据我的口述报告。

袁同礼先生是中国近代文化史上的一位重要人物，历史上他是排有一定席次的。但是在这则短篇里，我不愿多提他传记上的细节——因为袁氏已有几篇颇为详尽的小传，如吴光清的《袁守和先生传略》、李书华的《追忆袁守和先生》和秦贤次为刘绍唐主编的《民国人物小传》（第二册）所写的更详细的《袁同礼（一八九五——一九六五）》的传记。在英文著作里，则哥伦比亚大学所出版的"民国名人传"（第四册）（*Biographical Dictionary of Republican China. Edited by Howard L. Boorman & Richard C.Howard.New York：Columbia University Press，1971.Vol.4*）那就兼顾中西，更为翔实了。所以在拙篇里，我只想谈谈守和先生在"中国近代文化转型史"中所发生的作用，他的贡献，和他在文化转型中的地位。

先谈谈"转型"

在不同的拙著里，个人一再提出，一部"中国近代史"（当然包括画蛇添足的什么"现代史"和"当代史"），便是一部"中国现代化运动史"，也是一部"中国近代（社会文化）转型史"。"现代化运动"这一名词，无须解释，也解释不尽。任何一个有高度成就的民族文化，必定有其固有的社会文化的特殊"形态"，如西方的基督教国家、中东的回教国家，和南亚的印度，都是有其特殊形态的。

可是近五百年来西方基督教国家的社会文化的发展，只有其"现代化"的程序，而没有"转型"的问题，尤其没有"转型"的痛苦。因为现代化运动在西方是一种发自内部的自然进展，而我们中国和其他亚非拉民族国家的现代化运动，则是发轫于外界（尤其是西方）的挑战和压力。

因此西方国家的现代化只有其范围大小和时间缓急的问题，而没有社会文化"转型"的问题。

我们和其他亚非拉国家就不然了。我们的现代化运动，发动于"被迫向西方学习"，也就是"师夷长技"。既然是向"西方学习"，我们的"现代化运动"就多了个"西化运动"的阶段。"西化"就是由东方式转成西方式（简称"西式"或"洋式"）——从三家村的"土私塾"到大小城市中的"洋学堂"，从"父母之命"到"自由恋爱"……等等的转变，这就是所谓"转型"了。须知"土私塾"这一教育制度和"父母之命"这一婚姻制度，在中国历史上至少有两千年以上的历史。这种教育和婚姻制度，就是我们固有文化型态的一部分。这种千年不变的"型"态，一下要"转"成"洋式"或"西式"的"洋学堂"和"自由恋爱"，是十分困难和痛苦的。就以婚姻"转型"来说吧，我们"但见新人笑，哪闻旧人哭"呢？这种例子，这种哭声，纵在今日，仍是触手可指，海峡两岸皆然。这只是"社会文化"转型之困难和痛苦的千万个例子之一罢了。

各行各业，各有启蒙之人

以上所举只是两个特殊例子。其实近百余年来，一转百转——文物制度、风俗习惯、生活方式、语言文字、文艺思潮、学术研究……无一不是从千年不变，到大变特变——弃旧从新，舍东就西的。胡适等人当年提倡"全盘西化"，被人骂惨了。其实我们今日回头看看，从我们身上开始，从头到脚（上有西式分装头，下有大英洋皮鞋），从早到晚（早起刷牙刮须，晚上抽水熄灯上床），岂不是早已"全盘西化"了？有什么稀奇呢？大陆农村太落后，等到他们也像我们生活在都市的人一样全盘西化了，也就不再落后了。

以上所说的，只是我们升斗小民的日常生活。其实国家大政、典章制度、学术文化……无一不然也，而且这种典章制度、学术文化中，各行各业都有其先知先觉的带头人，这就是我们所谓"开风气"的大师了。

且举几个领导我们转型的巨人来看看：

——领导我们做政治转型的是康有为、孙文（中山）；

——领导我们做军事转型的是李鸿章、袁世凯、蒋百里、蒋介石（中正）、毛泽东；

——领导我们做外交转型的是李鸿章、顾维钧、周恩来；

——领导我们做哲学思想转型的是胡适、陈独秀；

——领导我们做语言文学转型的是胡适、周树人（鲁迅）：

——领导我们做教育道德转型的是蔡元培、张伯苓、胡适；

——领导我们做建筑学转型的是梁思成、贝聿铭；

——领导我们做图书管理学和目录学转型的是袁同礼、蒋复璁；

——领导我们做……

（其他转型的至少还可举出百人）

换言之，近百余年来，我国各行各业，皆有其各自的"转型运动"——通过"西化"的手段，突现"现代化"的结果。"现代化"不是一成不变的，它其后自有其自然前进发展的规律。在这各行各业的转型运动中，也各有其"启蒙大师"。我个人试拟上列诸人为例，就是想说明：袁同礼在近代中国，是位领导我们搞现代图书管理学和现代目录学的带头人和启蒙大师——这便是他在中国近代文化史中的"座位"。

传统目录学现代化的领导者

"目录学"原是我们中国的国宝。在传统中国，能"博极群书"，能"由博返约"才是大学者。只通一经的一通百不通，在汉以后，就不能算是大儒了。所以目录学实是众学之源。

搞图书分类学和图书管理学，我国也是世界上最早的。汉代的"七略"，隋唐的"四部"（经史子集）分类法，都是独步全球的。到乾隆修"四库全书"（与美国独立战争同时），我们四库一部，足敌全球其他各国所有图书之总和，真是欿欿盛哉。不幸近两百年来，西方突飞猛进，我们就落伍了。

经史子集的四部分类法，一搞两千年不变，也实在是太保守了。再者"孔家店"这个托拉斯，一下就把持了"四库"的四分之一（经部），也太霸道了。等到胡适出现，搞反托拉斯法，把"经、子"拉平之后，因而我国传统的藏书楼，便天下大乱了——两千年传统，毁于一旦，如何是好？

文化转型是一转百转的。孔家的托拉斯既倒，下面的百货商店，统统都得改装重建。因此才有新式图书馆之出现和新的图书馆学会之成立。主其事者，都是名震一时的学者文人，如梁启超和蔡元培等人。对他们说来，"传统的"图书管理方法和老式的"四部分类法"是不能再沿用了。他们要改用"新式的""洋式的""西式的"方法。但是梁举人和蔡进士这种小脚放大的旧式新文人，知道啥洋式、西式呢？在新的建制里，他们不能不顶个头衔，至于实际工作，老进士、老举人就一团漆黑了。这样，那刚自美国留学归来，享有图书管理学位和实际工作经验（在美国国会图书馆）的青年学者袁同礼就脱颖而出了。

从北京到台北

关于袁氏详细的学历经历，读者可参阅上引三传。这儿只想一提那与时代有关键性的若干要点。袁氏一九一六年毕业于北京大学外文系，与傅斯年、沈雁冰（茅盾）同班，是新文化运动中的新青年。一九二〇年留学入纽约哥大。一九二二年毕业于哥大本科，再入纽约州大前身之州立图书馆专科学校。一九二三年毕业，并入美国国会图书馆实习，再赴欧洲考察实习一年。一九二四年归国任广东岭南大学图书馆长。一九二五年改任北京大学目录学教授兼图书馆长。同时近代中国新式（西式）的图书馆学会开始出现。一九二六年（民国十五年）"北京图书馆"正式成立。中国敬老尊贤的旧传统，规定了必须由一些有名的高官、耆宿挂名作"首长"，而这些新式建设的筹备、建立和实际管理，却由一个"内行"的行午袁同礼，一肩挑之。"外行"老人，对他言听计从的。因此近代中国才第一次有新式（西式）图书馆之出现。以上还是军阀时代。迨国民党完成北伐，袁氏乃于一九二九年（民国十八年）一月，由副馆长升任馆长。这就是今日闻名世界的全球十大图书馆之一的"北京图书馆"的前身，而袁同礼则是它的奠基者和最早的实际负责人。该馆其后时历三朝，名称数易，然其"现代化"管理之确立实始自袁氏，而慢慢普及全国的。

有人或许要问，袁氏之前北京大学图书馆不是还有个最有名的馆长、毛泽东的上司李大钊吗？答曰：李大钊是搞新闻出身的。他是个革命家、思想家、学者教授。他对《隋书·经籍志》《四库总目》《四库提要》等传统目录学，可能如数家珍（这也不容易啊），可是对西式目录学和现代图书管理学，他就是一窍不通的老学究了！

现代"图书管理学"和现代"商业管理学"一样，是一桩学理结合实际,极其深奥的现时代的管理科学。这一行道属于所谓"服务工业",它今日已进入"超工业时代"。吃这行饭的,纵在袁同礼时代,外行已经不能领导内行了。

在袁同礼时代的中国,有高度现代化训练的"职业图书管理人员"原已不多,而有眼光、有魄力,又能突出单纯"技术人员"的境界,更有机缘进入本行最高行政阶层而一展所长的,袁氏之外,实难找第二人了。在上选诸人中,我特提出蒋复璁先生。余游台北故宫博物院,时访中央图书馆,亦见前贤苦心孤诣之遗规。今日如少此二馆,台湾又成个什么岛呢?缅怀先贤瑜亮,实有余慨。

引进"服务观念"和服务科技

话说回头,袁公对我国的目录学、图书管理学乃至资讯学的具体贡献,又在何处呢?答曰:胡适之先生以前不是总强调,推动新文化运动的方法和目的,是引进西方学理来整理国故、再造文明吗?适之先生是启蒙大师和思想家,他只能讲一些抽象理论。至于怎样化"抽象理论"为"具体事实",那就千头万绪,要靠各行各业的实行家,来采取实际行动了。上述袁蒋二公就是他们那一行里始作俑者的实行家、带头人。长话短说,我们也不妨试加归纳如后:

第一是"观念转型"。因为吾国吾民在三千年专制传统的浸淫之下,早把国营事业都办成了大小不同的"衙门"。高级领导全是"官",低级工作人员全是"吏"。连工友杂役,都是些"骑在人民头上的皂隶"。此风至今不衰。君不见北京王府井大街上,国营百货商店中的男女售货员,他们哪里是对顾客服务呢?他们只是一群对老百姓颐指气使的传统衙门中的小衙役、小"皂隶"而已。这是我们的文化传统,怪不得他们。一位北京老教授叹息地告诉我说:"要把我们的衙门,转变成西方的服务机构,大致还需要三二十年。"老友的估计,我真完全同意。所以不才也常说,我国近代史上转型期的"历史三峡",可能要延长两百年,我们大致才能安全出峡。袁同礼、蒋复璁的时代,当然仍在峡中,但是他们却是致力于转型的带头人。所以中央图书馆实是我国近代史上首先突出的国人自己主持的"国营服务企业"。(笔者附注:其他如邮局、海关、铁道等,都是先由洋人代为奠基的。美国的国营服务企业如国家公园和公立图书馆等等,其服务之周到是举世无双的。相形之下,我们还有一段长路好走呢。)

第二是"引进西方学理和制度"。袁氏终身事业始于美国国会图书馆(目前世界上最先进最完备的图书馆),也终于美国国会图书馆。而把先进的"国会图书馆编目学"等精密制度,引进中国的,也是他。

第三是"引进并突破西方先进技术"。在近代中国的图书和档案管理这门学问中,首先引进照相技术,和根据西方学理实行中文索引和编目的,恐怕也是从袁氏主持的国立北平图书馆开始的。北伐期间,时任总司令部机要科科长的陈立夫先生,为掌握堆积如山的机要文电,也"发明"了一套"分类"和"索引"系统,颇为总司令蒋公所激赏,而大有功于革命。其实陈氏以矿冶工程师,大材小用,而去发明"分类""索引""引得"(Index的汉语音译)一类的雕虫小技者,实是革命期中,军事与学术完全脱钩的关系。他那时如引用一两位有现代训练的、搞"图书档案管理"的专业技术人员,又何须自己去"发明"呢?

当年设在北平的燕京大学,对"引得学"也颇为突出,但是"燕京"毕竟不是中国人自办的学堂。

国立北平图书馆当年所引进的科技，如缩微胶卷等等都是很原始的，远不如后来的"缩微胶片"。和今日的"电子计算机"相比，是不可以道里计的。但是现代化总得有个带头人，袁同礼先生便是推动这一行道现代化的启蒙领袖。

历史三峡中的龙舟竞赛

近代中国的"转型运动"，是一个长逾两百年的艰苦历程——它要从"师夷长技以制夷"的"军备西化"，通过"经济西化""政治西化""学术西化""社会风俗西化"（如自由恋爱、体育活动等）、"生活西化"……到"全盘西化"，到"修正西化"（所谓"有中国特色"等等），到"超西化"，到"独立现代化"，到"领导全球现代化"（如今日美国）的"文化翻身"——说句酸溜溜的亚圣之言，曰：从"变于夷者也"，回头到"以夏变夷"（也就是世界文化史上的所谓"华化""汉化"的一连串"三百年洋东转洋西"的世界文明大转型）。在这种银河倒流、宇宙变色的文化大运转中，我民族精英，参与其间，正不知有几百几千的风云人物，和几万、几十万和几百万的"无名英雄"，卷入运作呢。孙中山、胡适之辈，只是这一波涛汹涌的大潮流中，少数知名而幸运的弄潮儿罢了。"时势造英雄"绝不是"英雄造时势"所可比于万一的。"时势"是客观形成的"历史三峡"中的惊涛骇浪，"英雄"则只是一些随波逐流的艄公、舵手和弄潮水手而已。他们顺流而下，成名的英雄之外，还有千千万万的无名英雄，操着各式各样的大小船只，蜂拥争先。浪卷船翻，惊险莫名。说句老实话，在通过这个历史三峡的龙舟竞赛中，康有为、孙中山、袁世凯、胡适之、蒋介石、毛泽东、邓小平等等，都是些摇旗呐喊，出尽风头的英雄或狗熊。知道潮流，熟谙水性，在这场接力竞赛中，有惊无险的大艄公，都是"英雄"；那些枉顾潮流，不谙水性，而翻了船、灭了顶，便是七分英雄，三分"狗熊"，或七分狗熊、三分英雄了（所谓三七开），或许干脆就是狗熊，算不得英雄。

与这些英雄、狗熊一道蜂拥而下的，千千万万的"无名英雄"，各行各业的无名英雄——他们才是这场现代化运动的"主流"。他们言忠信、行笃敬地默默耕耘，把我们这个古老的文明，慢慢地推向现代化。群众才是英雄。那些出尽风头，摇旗呐喊的风云人物，往往只是一些副作用大于正作用的狗熊。没有他们，我们的日子好过多了。

袁同礼先生虽然在他的本行之内，并非默默无闻之辈，但是在中国近代史中，实质上也是那千千万万的"无名英雄"之一啊。

西文汉学书目的重要性

俗语说："家有良田万顷，不如一技随身。"袁氏离开大陆之后，又以他的专业训练，回到他当年从事"实习"的美国国会图书馆，当了一名最起码的中文编目员。之所以屈就这个小职位，据他向我说，第一是养家糊口，第二是为将来的养老金，以保晚年。谁知袁公辛辛苦苦地做了十多年，六十五岁退休之后，未期年他自己就过去了。虽然养老金所领无多，但是美国退休制是十分优越的，他的遗属还是会继续领取一部分的。

袁同礼是一位突出的目录学家，但是在他早年返国服公期间，却无暇著述。可是在被迫流亡美国时期，公余之暇，反而编印了大量不朽之作，有时还惹出些可笑的是非。

在他那多至十余种的晚年著述中，有数项至今还为学人日常之参考。晚近之作还无法代替的，或永远不能代替的，例如：

《国会图书馆藏中国善本书目》（一九五七年出版）

《研究中国的西学书目》（*China in Western Literature*：*A Continuation of Cordier's Bibliotheca Sinica.* New Haven：Far Eastern Publications，Yale University，1958.）

《一九〇五至一九六〇年间中国留美学生博士题名录及博士论文索引》（*A Guide to Doctoral Dissertations by Chinese Students in America*，*1905—1960.* Washington，1961.）

《一九一六至一九六一年间中国留英与留北爱尔兰博士题名录及博士论文索引》（*Doctoral Dissertations by Chinese Students in Great Britain and Northern Ireland*，*1916—1961.* N. P1963）

《一九〇七至一九六二年间欧洲大陆中国留学生博士题名录及博士论文索引》（*A Guide to Doctoral Dissertations by Chinese Students in Continental Europe*，*1907—1962*，Washington，1964.）

笔者附注：（一）上选五书，除第一本之外，其余四本均无中文书名。本篇中的汉文书目，为笔者代译。（二）《留美博士论文录》有李志钟博士的"续编"（一九六七年）。最近的论文还应有再续篇。在本书中袁公把在下和薛君度博士对调了，他把我分入了"政治门"，薛分入了"历史门"。其实我二人应各自归还建制。附此更正一下。

　　笔者更附带说明一下，西方人研究中国，自元代的马可·波罗，到明末清初的耶稣会上，到晚近的"汉学家"和"中国学家"，如李约瑟，乃至今日还在大放厥词的亨廷顿教授。他们对中国研究的成果，都是中国学人，以及中国朝野所不应忽视的。尤其是今日当权的政治家、外交家和政论家，如不知这些研究中国的洋专家的著作，那就等于瞎了一只眼，不可能说出行道话来。搞政治的人自己搞不了，就得组织个情报室、资料室，找些专才来帮着搞。美国国会图书馆所以由国会主持，就因为那主持美国联邦大政的千把个官僚政客，需要一个联合资料室的缘故。它最初是为服务官僚开始的，而渐及于学界。

　　例如某些小政客，一时心血来潮，要找个"西藏问题"来扬扬名，捣捣蛋。他本来连西藏在中国的东北或西南都不知道，可是只要招呼助理把电脑一揿，则美国国会图书馆的万部资料立现眼前。只要摘要而听之，一夕之间，他便是个不大不小的西藏专家了。若再通过那无孔不入的电子资讯网，一个百人专家团，立刻就可排出堂堂之阵，阵阵之旗。搞"西藏问题"的资讯，就算"北京图书馆"和台北"中央图书馆"来个国共合作，恐怕还搞不过一所美国国会图书馆呢！

　　今日如起袁公于地下，他固不知电脑为何物，但是今日中国如也要来个Internet，那就还得从袁氏那个出发点搞起啊！因此袁氏那本 *China in Western Literature*，笔者至今仍长置案头，不可一日废也。

过五关斩六将的"博士论文"

至于袁氏那几本博士题名录，也不妨稍做说明。学士题名是我们中国文明的老花招。唐朝的各科新进士，有所谓"雁塔题名"。明、清两朝六百年考出了两万多名"进士"。他们在"金榜挂名"之后，还有正式刻板印刷的各科"进士题名录"。吾友何炳棣教授，就是参透这万名进士出身的社会背景，而扬名国际的。

但是我国古老的"进士题名录"（注意：在世界历史中，只此一家，别无分店啊！）所注重的只是进士爷的"出身"。至于这些"天子门生"的"进士论文"，就无啥足取了。可是我们这一科举考试制度，经耶稣会士传入西方之后，它就花样翻新地"现代化"起来了。其后再由欧入美，它就变成误尽苍生的今日美国的洋科举了。

一九〇六年（清光绪三十二年）我们中国的土科举被迫停止。消息一出，当时数十万秀才、数百万童生真如丧考妣，没个出身，没了前程，如何是好？殊不知天无绝人之路，洋科举竟应运而生。得了个洋科名，其风光且远甚于土科名呢。

今日名垂史册的名儒硕彦如顾维钧、胡适、马寅初等等，都是早期洋科甲出身的佼佼者。没个洋进士头衔，顾维钧就见不到袁世凯，胡适搞不了新文化，马寅初也当不了北大校长。但是在学术上说，这些洋进士题名的重点，就不在出身，而在博士论文了。

读者知否，今日世界上千万个博士爷，少说点，大致有百分之九十罢（当然也包括小可自己在内），都是"一书博士"——一辈子只写一本差强人意的书，以后就靠它老人家赏饭吃——吃它一辈子。这本书十有八九就是他的"博士论文"。何以如此呢？诸位，这就是"人性"嘛。人都是有奴性的，不鞭打，便不做工，或做而偷懒。三字经上说，教不严，师之惰。唱戏的梅兰芳、马连良，也都知道"严师出高徒"。屁股不打烂，是唱不出好戏的。凭天才，哼两句，那就是票友了。票友唱戏，照理是出钱请人去听的。博士爷原都是科班出身的，一旦得了博士，没人打屁股，就变成票友了。此"一书博上"之所以然也。人生苦短！一瞥眼，就靠一本书，吃一辈子。悲夫。

但是话说回头。读者可千万别瞧不起博士爷的"一书"，尤其是举世驰名的名大学的博士爷的一书。因为那一书，往往是他呕心沥血、皮开肉绽的心血结晶，也往往是他钻营十年的小牛角尖中最堪一读的专著。大题目如胡适的《先秦名学史》（增补为《中国古代哲学史》），足开一代文运。小题目如顾维钧的《外侨在华的法律地位》，也是该专题的唯一著作。再如周策纵的《五四运动及其对中国社会政治发展之影响》。今日学人不谈五四则罢，若谈五四，则必自周郎开始。

以上只是文科。再看理工科，那就更为实际了。每篇博士论文，都是解决一个科学上的现实问题。如钱学森的《压缩流体运动与喷射推进诸问题》，便是今日搞流体力学和太空工程起步的专论。其外如蒋彦士（一九四二年毕业于明尼苏达大学）和李登辉（一九六八年毕业于康乃尔大学）在农业研究上的专论，都是启台湾农业现代化之先河。光辉灿烂，功不可没的（这儿所谈是纯学术性的，与二公的政治行为无涉也）。

笔者个人治学的经验和习惯便是：凡涉及某项专题，第一要找的参考书，便是与该项有关的名大学的博士论文。因为这些论文，都是一些博士级专才，呕心沥血，过五关斩六将的力作，非同凡响，不是一般瞎扯淡之文。专家可信得过也。忆七〇年代之初，余首返大陆探母，见祖国农业改革之彻底失败，而想一探台湾土改与农改之奥秘，曾得机访问蒋彦士君一谈（余知其为明尼苏达大学四二级之农学博士也）。承蒋公不弃，赠我整箱"农复会"出版品，至今珍藏之。其后偶尔谬论农村问题，手边参考资料，信其可用也。

农业如此，其他各科，无不皆然。个人甘苦推广及于学生，因凡有硕士、博士研究生问道及余者（尤其是亚裔学生），我总要该生先看看与他（她）专题有关的"博士论文"。人家如已做过，你要重作之，那就要青出于蓝了。不能胜于蓝，为避免有抄袭之嫌，那就要换个题目了。这第一步的审查工作，得其窍者，半小时之功力耳。案头有袁同礼、李志钟之参考书，一索可得也。进读全文，则北美主要图书馆和台北"中央图书馆"（汉学研究中心），均有全套庋藏也。

余即知有研究生穷数年之功，做出些血汗结晶，始发现此专题早有人做过。他不能后来居上，就被误为抄袭了。这些都是"教不严、师之惰"的结果。余亦知有些在大陆上的科学实验，颇足矜夸。殊不料所得结果，美国早在战后即已"解密"矣。

笔者举这些小例子，无非想说明，袁某在中国带头搞资讯现代化的重要性及其历史意义罢了。

孙中山"登月计划"

其实更值得吾人注意的，还是这种看来初无深文大义的东西，往往影响千万国民的生命财产。

六〇年代美国为在太空工程上赶超苏联，要搞个"嫦娥奔月"的计划书。为解决太空人登月的一切难题，"太空总署"（NASA）与各大学和工商业研究机构，先后订了八千多个"副合同"。每个小合同解决一项难题。八千难题有一个不解决，太空人就上不了月球；而每一个难题之解决，事实上都是一篇或大或小的"博士论文"。等到八千本博士论文全都通过，八千项难题统统圆满解决，美国太空人阿姆斯特朗，才能以"小小的一步"踏上月球！

自然科学如此，社会科学就不然哉？事实上孙中山的"三民主义"之中，就有"登月计划"。

孙中山的"登月计划"叫作"涨价归公"。

孙中山先生当年周游世界，眼看伦敦、纽约等地炒地皮的奸商，日进万金，吃喝嫖赌。他老人家火了，因而"发明"了一套"民生主义"。信誓旦旦，一朝革命成功，他一定要搞个"涨价归公"，封杀所有奸商，孙公真勇已哉！果然他的革命成功了。蒋家父子誓死实行"国父遗教"，搞了六十二年，也未搞出个"涨价归公"来。最近李登辉再接再厉，又宣布他坚决信仰"三民主义"——但是就是不搞"涨价归公"。

朋友，岂是蒋家父子、李氏伉俪对主义信仰口是心非哉？非也！原来国父的"涨价归公"，也是一桩"登月计划"也。它需写八千本博士论文，解决八千项难题，始有登月之望。他老人家一本博士论文也未发表，只来个"想当然耳"，如何能搞嫦娥奔月呢？

读遍英雄豪杰的传记，回头再看看像袁同礼那样的无名英雄们是多么可爱啊！他们死得多么可惜啊！

（一九九五年十一月十七日于北美洲）

第三编　历史的『三峡』

当朝人不修当朝史，是非好坏皆身后事

首先我要向刘绍唐先生道歉，因为我拿的护照，按规定只能停留十天，今天上午就该走的。我本应该自始至终参加这个座谈会，但因护照问题弄乱了，还不知能停留几天，所以我要先走一步，去解决这个问题。

我个人觉得研究中国历史应该分两大阶段：一个是传统的，一个是现代的。我的看法，传统和现代要分开来，这两个是不同的。我们过去的二十四史、二十五史都是传统的，现在要写的"二十六史""二十七史"，就是现代的、新的。现代写的方法与古代不同。现代历史有几个特点：目前我们是处在两千年来未有之大变局中，过去唐朝和宋朝没有什么大分别，唐朝与汉朝之间也没有什么大不同。但我们这七十年与历代却完全不同，一切在过去找不到先例。以时局为例，我们现在的中国一分为二。这又与南北朝不一样，南北朝时北方是胡人，南方是汉人，跟南北宋也不一样。因为我们现在的一分为二，一面是汉人，另一面也是汉人，这种分裂也是前所未有的。昔日是华夷之分，今日是国共之分。治史的方法、观点各方面也不同，现代的方法与传统的方法也完全不同。赵尔巽修《清史稿》、司马迁修

《史记》的方法与现代绝对不同。古代修史的传统有官修、私修。官修也好，私修也好，大家都认为当朝史家不能修当朝的历史，要等下一朝代才写上一朝代的历史。我们今天开历史学会议，却是要当朝人写当朝的历史，这是自古以来所没有的。过去当朝的人只写当朝的实录，不写当朝的历史，这是现在与过去所不同的。还有一点，现在大陆修大陆的历史，台湾修台湾的历史，观点完全不一样，用不同的材料，有不同的方法。最糟糕的是海外来的人，我们这些被约来与会的都是海外学历史的，而海外的人被约来修中国历史，将来说不定会弄成另一套海外的人修海外人的中国历史。这种怪事，也是二千年来所未有的。我们的传统同现在有好多地方不同，但是既然我们已经在写历史了，而且三方面写的方法不同，史料也不同，我们就不应该强不同以为同，大陆修大陆的，台湾修台湾的，海外修海外的，官修也好，私修也好，殊途必将汇合，各自努力将收分工之效。大家在不同的观点下尽量去做，场合不同，方法不同，开会形式不同，开会的背景不同，观点不同，在不同的方法下尽量去做。譬如在台湾，刘绍唐先生的"野史馆"就应该与国史馆配合，大家互相配合而不互相嫉忌。历史写的结果，是非好坏，当朝人是不能决定的，这都是身后事。写《后汉书》的有十九家，其后逐一淘汰，只剩下最后出来的范晔一种，其他的都失传了。这是什么缘故呢？因为他们都没有范晔写得好。范晔被杀头（因为当时人们不喜欢他），但他的书却传下来，因为别人的都不及他。所以我说历史写得好坏要由后人来决定。我认为当朝的人不妨分头努力，野史馆、国史馆互相配合，以不同的观点，不同的地区，不同的方法，尽量去做，写出不同的历史来，让后人来一个评定，来一个综合，哪一些是真的、是好的，哪一些是真的，哪一些是假的。

在座的黎先生是我的老师，李先生是历史的创造者，也是我的前辈。其他诸位先生也都是先进，我实在不该再多占诸位的时间。谢谢各位。

中国近代以来的外交学步与历史转型

对中国近现代目录学有兴趣的朋友们，大致都不会否认一个现象，那就是国人以汉文治国史最弱的一环，便是近代中国外交史。笔者本人甚至不知轻重、大放厥词地说过，若论在外交史上的成就，中文著作中，简直没一部可读之书。这虽是个人不学而又长个右派大嘴巴的胡言乱语，例如数十年老友王尔敏教授这本新著《晚清商约外交》便是一本极为可读之书，但在下造句信口之言，也是出自多少年在海内外教书经验的有感而发。因为我们在外国大学里教授中国外交史（尤其是中英、中美外交史）或东亚国际关系史，一类课目的参考书目中，有时为文化自尊心所驱使，实在想列入若干"中文著作"以光门楣，但是有时除一些史料书之外，勉强列入的中文著作，实在有违心愿。其原因就是，你把勉强选入的书目和同一类的西文书目并列，二者之间的功力与火候，往往是不能相提并论的。就谈晚清外交史吧，和摩尔斯那三大本的《大清帝国国际关系史》相比，哪一本"中文著作"不是个娃娃呢？

再说摩尔斯的学生费正清罢，在费氏大旗之下，哈佛一校就出了数十本具体而微的类似著作。不谈观点，只从治学的功力与火候来比较，至今的"中文著作"里，还找不到几本能与他们相提并论的巨著。这样一比，我们要想，剑桥学派，在晚清外交史这一行道上，不称王，不称霸，又岂可得乎？这儿还想大胆插上一句，在这个剑桥学派里，纵是亚裔学者所持的观点，也是费正清的观点。虽然费氏逝世之后，这一观点已逐渐淡化了。

若问在这一行道上中英两文的著作，距离何以如此之大呢？笔者的回答，便又要回到我个人的老"主义"上去了。首先，这是个历史转型的问题。学术转型原是社会转型的一部分，而历史学的转型，又是学术转型的一部分。外交史不用说，更是历史学转型的一部分。我们要知道，外交史、国际关系史这一行道里的学问，在我国的传统史学，所谓六家二体里，都未尝成过专业。尤其是所有外交家，都应有若干修养的国际法这一门，它和我们整个传统法家一样，发育始终没有成熟。在中国学术史上，就像一个花苞，花未盛开，就枯萎了。何以如此呢？那就不是三言两语可以说得清的了。下节当略述之。

再者，笔者在谈比较史学，比较文学和比较艺术时，总欢喜劝搞"比较学"的朋友们，比较要分"阶段"，要古代比古代，中古比中古，现代比现代，才见高下。不能囫囵吞枣说，中国音乐不如西洋音乐，中国诗歌不如西洋诗歌，或中国小说不如西方小说……你只能说现代中国的音乐，远不如现代西方音乐。你可千万不能说，中国唐代的音乐比不上中古时期欧洲的音乐。我们谈国际关系史乃至国际法这门学问，也是一样。在传统中国，我们在这个专业里，是比西方落后了，落后到几乎没有了的程度，但是它在先秦时代的发展，却也曾大有可说，甚至还有更高的成就呢。吾人试读我国古籍中的《左传》《国语》《战国策》乃至《晏子》《管子》，便知道我们的成就，不在西方之下，但是在秦汉以后就不足观矣。且举几则小例子：

我国古代国际公法的萌芽

在春秋战国时代，我们的老外交家管仲（？—公元前六四五），以"国务总理"兼"外交部部长"的身份，帮齐桓公打天下，搞"九合诸侯，一匡天下"（不正是美国今日所干的？），为维持他那时的国际和平，管仲于公元前六五一年，在齐国的葵丘（今山东省临淄县），召集了一个国际会议，并签订了一个国际条约叫作"葵丘之盟"。在这件"葵丘条约"里，当时各列强，在齐国（位同今日的老美）的操纵之下，歃血为盟，宣布一致遵守所签订的各条款，这些条款当然也就变成当年的国际公法了。原条文是假当时有名无实的"周天子"之名（也就是今日联合国的安全理事会之名），向国际公布的。条约的内容是：

> 毋雍泉，毋讫籴，毋易树子，毋以妾为妻，毋使妇人与国事。（见《春秋穀梁传》，僖公九年）

这则我国古代的国际公约，大致也可叫作"五毋公约"或"五禁公约"吧。今天读起来虽觉可笑，现代女权主义者读来，尤其要怒发冲冠，但这却是那时最合实际需要的国际条约。（请看今日联合国中由美国带头所搞的"禁核""禁毒""禁武"［化学武器］等等三禁、五禁诸条约，就可知道其重要性也。）在公元前七世纪的黄河、淮河和长江流域，小国甚多，一河流经数国。如果上游国家筑坝蓄水，下游国家就要受旱灾了，所以不能"雍泉"（截流、筑坝，或造蓄水池）。饥荒缺粮时期，各国尤不许囤积居奇，所谓"毋讫籴"也。"毋易树子"这条也很重要，由于古部落之间通婚的老传统，我国封建时代王族婚姻都是有国际背景的。直至今日我们还有"姻联秦晋"的成语。乖乖,秦晋都是超级强权。他两家的外甥少爷已经做了"树子"(太子),你要把他换掉,代以小老婆之子,岂不要引起国际纠纷?为着国际和平,则树子不可易也。

小老婆绝不许做大夫人

"毋以妾为妻",也要写入国际条约。朋友,你认为是笑话吗?非也。不但那时是事关世界和平的大事,纵在今日,二奶也不能代替"大奶"呢。不信,您如试想美国克林顿大总统,今日要和希拉里离婚,而把莱温斯基扶正做美国第一夫人,你看今日世界会变成个什么样子?首先华府和北京的"伙伴关系",恐怕就很难继续了;国会内的极右政团,如乘机要罢免这位好色的总统,则老美现在在波斯湾和在咱们的海峡两岸所发生的作用,也就要完全改变了。"以妾为妻"在今日尚可生若是之纰漏,况两千五百年前之东亚大陆乎?所以他们要在国际条约上明文规定,诸位元首可以搞三宫六院,但不能搞以二奶代"大奶"。

至于不许女人参政,在今日是很违反潮流了。可是纵在今日,也还难免要有个"但书"呢。像今日台湾的女强人吕秀莲和陈文茜。她们特立独行,宁愿牺牲婚姻和生儿育女,也要搞政治。女各有志,实在是令人脱帽致敬的。但是若有女人,先要抢个强人丈夫,然后再挟丈夫令诸侯,狐假虎威,横行天下,就不足为训了。在女权高涨的今日美国,大有野心的希拉里,之所以不能随心所欲地去搞政治,还不是国会中人讨厌她妻假夫威,来乱参国政?希夫人今日封个好色的丈夫不嫉不妒，也是为了她自已的政治前途，而向国会内的大男人主义者，忍痛牺牲呢。所以我国古代大政治家和大外交家管夷吾（仲），要策动"联合国安全理事会"，立法禁止"妇人与国事"，也就不难理解了。

晏大使不入狗门

我国古代的齐鲁地区，除出了些了不起的圣人之外，也出了些了不起的政治家和外交家。晏子（名婴，字平仲，？—前五〇〇）为齐相兼外长，甚至亲自出马做大使，报聘各国呢。这时齐已日衰，而楚正崛起。出使楚国，工作不太好做。《晏子春秋》里就有一段晏子使楚的故事，因为晏子是个小矮子，楚国人想羞辱他，最终反而被晏大使所辱，颇足一述。先让我们来读读这个故事的"古汉语"原文（青年读者们，也不妨顺便练习练习，读读所谓"诸子百家"的老古董，并不太难）。原文如下：

> 晏子使楚，楚人以晏子短，为小门于大门之侧，而延晏子。晏子不入，曰："使狗国者，从狗门入。今臣使楚，不当从此门入。"宾者更导从大门入。见楚王，王曰："齐无人耶？使子为使。"晏子对曰："齐之临淄三百闾，张袂成阴，挥汗成雨，比肩继踵而在，何谓无人？"王曰："然则何为使子？"晏子对曰："齐命使，各有所主，其贤者使使贤主，不肖者使使不肖主，婴最不肖，故宜使楚矣。"（见《晏子春秋·内篇杂下》第九章）

　　再以白话重说一遍：晏子出使楚国，楚国人因为他是个小矮子，乃把大门边上装了个小门，要晏大使从小门进去。大使不入，说："我出使的国家，如果是一个狗的国家，那我就从狗门进去，但是今天我是到楚国来出使，楚国人并不是狗，我也不应从狗门进去。"招待员不得已，乃改请大使从大门进去。楚王一看大使其貌不扬，就说："难道齐国就没有人了吗？为何要派你这样的人来做大使呢？"晏子说："敝国人可多呢。单是临淄一城，就有三百个社区。熙熙攘攘的大街之上，大家把袖子一举，便全城遮阴；大家如把头上的汗抹下来一甩，就像下雨一般。哼，怎能说没有人呢？"楚王说："齐国既然有这么多的人，为什么把你派出来？"晏大使说："大王有所不知，敝国派出大使是有一定规格的。最像样的一等人才，就被派到最像样的一等大国。我晏婴原是敝国最不成样子的外交官，所以才被派到楚国来，也是应该的嘛。"

　　这时楚国正力争上游，志在争霸，两国冷战正烈。作为驻楚特使，时时都有受辱的可能。一次楚国警总抓了个强盗，说是齐国人，楚王乃问晏大使说："齐人固善盗乎？"这就引起了晏子所说出的中国文学里那句有名的成语，叫作"橘生淮南则为橘，生于淮北则为枳"。晏子说，民生于齐，不盗；入楚则盗，是你贵国风气太坏啊！他原是齐国的良民，一到楚国就变成强盗了……真是难为了晏大使的好口才。

握手风波和基辛格的中国饭碗

上述这些故事可能都是真的，因为不论古今中外，在冷战之中办外交，都是不容易的。一个外交家，在执行其外交政策之外，平时在折冲樽俎之间的急智，也需有特殊的天才呢。近在一九五四年的日内瓦会议中，周恩来总理便曾向美国国务卿杜勒斯伸出手来，并叫声Good morning。谁知杜勒斯这个老帝国主义者，竟拒不伸手。在这种情况之下，周公的手如何收回？所幸周恩来应付这种场面也有他的天才，和晏子一样，终能化险为夷，其后国际外交圈提起此事，没有不骂杜勒斯是老混账的。后来基辛格于一九七一年第一次秘密访华时，就为这个"握手问题"伤透脑筋。他生怕"万一我伸手，他（老周）不伸手，如何是好？"（见《基辛格回忆录》中《白宫时代及尼克松回忆录》一章，一九七二年，五五九页。）

其实，基辛格此人，还是外交训练不够。你在来华之前，就应该把"周恩来此人"搞清楚嘛。古人说："岂有鸩人羊叔子哉？"今世又"岂有不伸手之周恩来哉？"相反的，老周在见到基氏之前，连他在哈佛的博士论文，都查了个一清二楚呢。如此，你这个小孙行者怎能跳过周老佛爷的手掌心呢？所以周公有生之门，基辛格始终是周门之中为他服务的美国博士呢。基博士，老实说，也乐此不疲，至今对北京仍忠心耿耿。何也？君不闻，苏秦穷困时回家"妻不下织，嫂不为炊"的故事吗？等到他佩了六国相印，再过家门时，"妻嫂侧目不敢仰视，俯伏侍取食"（爬在地下侍候取点东西吃）。苏秦笑问嫂嫂："何前倨而后恭也？"嫂嫂掩面低声回答说："还不是因为小叔今天做了大官，有钱有势嘛。"（见《史记·苏秦列传》）。苏子"头悬梁，锥刺股"，苦学成名，所为何来？还不是为着今天吗？

我们的基辛格先生，也正是如此呢。笔者在美国教书，就是从最惨的纽约市立大学夜校成人班开始的，授课时间是晚间七至十一时。工作一天之后，疲惫不堪言状。在这样的课室中，老师固然很惨，工读的穷学生，尤其可怜。基辛格早年就是一个来自欧洲的小犹太难童，白天在小商店记账，夜间在纽约市大成人班的会计专修科上学。

那时的基辛格，便和早年的苏秦一样，是个"妻不下织，嫂不为炊"的穷光蛋。直至二次大战后，他领了退伍军人奖学金，才从"穷人的哈佛"（纽约市大诨名）转入富人之哈佛，去"头悬梁，锥刺股"，读其博士的。他其后风云际会，差不多都是替周恩来工作的结果。离开了中国这一行，基辛格就不是基辛格了。饮水思源，能不肝脑涂地？朋友，苏秦、张仪服务的对象，原是没有国界的。出生于德国的犹太裔基辛格，他能替尼克松服务，也可替周恩来服务啊。搞外交如用兵，也是运用之妙，存乎一心，周公得之也。所以不才总喜欢说，近百年中国史上只出了两个半外交家。周恩来和李鸿章两个之外，顾维钧算是半个。而这两个半外交家，也只有顾维钧这半个，算是科班出身。李、周二公，皆出身行伍也。顾维钧虽是外交界的科班出身，也只是个洋科班，威灵顿（Wellington是顾的洋名字）离家上学之后，未进过一天中国学校也。李、周二人，虽是纯国产，然如上节所述，国营企业中无此行道也。他二人搞的，可说是百分之百的天才外交和常识外交。

中国古代外交建制的转型

以上所举的一大堆从古到今的外交小掌故，无非是想说明：

（一）我国古代的外交学是很不平凡的。举凡今日西方所发展的，各种涉及国际关系的概念和实践，我国古籍中，无不行行具备。专司外交的行政机关，在政府建制中的地位也至为崇高。用句现代话来说，那便是，不是首相兼外长，便是外长做首相（美国的国务卿，便是这样的）。那时搞外交的人，也是国际间的宠儿。苏秦就是一人兼六个国家的"外交部部长"，"佩六国相印"的，这在人类的外交史上，显然也是一桩"吉尼斯纪录"也。

不特此也，甚至二十世纪才出现的"国际联盟"和"联合国"组织的构想，在我们的战国时代亦已萌芽。他们那时观念中所谓"尊王攘夷"中的"王"，基本上便是列强表面上一致拥护，而事实上由几个争霸的大国所支配的国际组织。所谓"挟天子，令诸侯"是也。君不见二次世界大战前的"国联"之中，五十个国家都被英国牵着鼻子；和今日的老美动不动就打联合国的招牌向世界各国颐指气使还不是一样？

可是（二），我国文明在秦始皇统一了东亚大陆，废封建、立郡县之后，建立了人类历史上第一个空前绝后的"宇宙大帝国"，这也是蒙古种黄种人所建立的东方文明的"第一次大转型"。一转百转，往古列国并存，一强称霸的世界秩序不存在了，春秋战国时代，所慢慢发展起来的外交制度也就随之迅速转型，而面目全非了。

在大秦帝国统一东亚大陆之前，人类历史上只有个亚历山大所建立的马其顿帝国差可与之相比，但是亚历山大一世而斩。他也没有创造出一个宇宙帝国的规模与制度。秦之后的罗马帝国自然也是个宇宙帝国，可惜它在公元四七六年亡国之后，便永不再来。其后西方的帝国建造者，便再也没有"天无二日，民无二王"的观念了。后来日不落的大英帝国，大则大矣，然非宇宙国家也。

只有理藩院，没有外交部

因此，在我国的历史传统里，秦汉以后的帝国时期，就只有内交而无外交可言了。我们中央政府的建制之内，九卿六部，百制皆全，就是没个"外交部"。为应付周边少数民族所建立的小王国，历代也只设了个不同名称的"理藩院"，以司其事。但是"理藩院"只是礼部之内的一个司局级的组织，一切事务都当作"内交"来处理，而非"外交"也。例如西汉初年，中央政府与都城设在番禺（今广州）的南越王国的关系，费正清主编的《剑桥中国史》，便说那是大汉帝国的"外交关系"（见该书第一卷第六章）。笔者处理这个问题，则认为那是个"内交关系"，是东北张学良和南京蒋介石的关系。

耶鲁哈佛和合纵连横

北京的外交当局，明知是洋人借辞捣蛋，但诸大臣为着自卫，却只能支支吾吾，搞他个口齿不清，讲不出令人心服口服的道理来。其所以然者，第一便是，你如果也以"现代观点"和"现代西方人"，耍电子游戏，你就得服膺他们的游戏规则。你既然不能放弃你自己传统的麻将规则，却又要打他们的沙蟹（编者注：一种扑克游戏，流行于广东一带），那就凿枘不投了。有时你纵有天大的公理，也是秀才遇到兵，有理讲不清。

朋友，您说美国政客嘴尖皮厚，无理取闹得幼稚可笑。政治就是政治嘛。哪个政客不嘴尖皮厚？再者，搞现代外交，是全国人民的事，包括担柴卖浆，甚至阻街女郎（编者注：在大街上拉客的娼妓。），都有其共同语言，外交家不只是政府的发言人，也是他们老百姓的发言人（英国就是如此）。至少，搞外交是个大行道、大专业，专靠周恩来、李鸿章一两个人的天才，搞他个常识外交、天才外交，总归不能抗战到底的。要打毛主席所说的"持久战"，那你就得有个永恒的、专业的Think Tank（智囊）。二十世纪的美国外交官，差不多都出自耶鲁和哈佛的几个教室，甚至是那几个沙发之上。从西部起家的，那个演戏的里根不信邪，非要找几个"西部专才"来反外交"托拉斯"，搞得灰头土脸之后，始知反"托拉斯"之不易也。朋友，托拉斯、鬼谷子，都不是好东西也。秦始皇以后，我们还不是反了两千年？不幸今日，我们又回到"战国时代"了。（抗战期间雷海宗、陈铨等几位教授就自称"战国派"，并且出了一本杂志叫《战国策》。）在旧剧重演的战国时代，再来搞他个"合纵连横"，就要倚赖耶鲁哈佛的Think Tank的长期演练了。

也谈谈民族问题

我认为，"兄弟民族"之间，为着互通有无，互利互保，其趋势应该是愈来愈团结的，而不是愈来愈分裂的。把原先团结在一起的兄弟民族，加以拆散，让他们互争互斗，好让邻居来浑水摸鱼，像今日波斯尼亚，甚或伊拉克和科威特，那是帝国主义干的，也是违反世界潮流的。

君不见日前留在欧洲的欧洲人，正在大搞其"共同市场"和"欧盟"？欧盟各国的大教授们，彼此之间要恢复用拉丁文通信呢。他们不是正在大搞其书同文、车同轨、行同伦、政（军）同制、币同值、教同经吗？他们不是正在设法恢复"罗马共和"吗？那比"罗马帝国"还要老一辈呢。（罗马帝国约同于我们的后汉，他们今天要恢复"前汉之兴隆也"。）美国人现在不是正在帮助他们扩大"北约"吗？这简直是在实行诸葛孔明的理想呢。

再看看目前在美洲的欧洲人，所谓"欧裔美国公民"和白得像一床被单似的"欧裔加拿大公民"。同时我们也得知道，加拿大是今日全世界生活水平最高的国家。他们不是完全混合、成为一个崭新的称雄世界的"英语民族"了吗？现在北美的美、加、墨三国不也在搞三国经济共同体了吗？我们应该知道，"后现代"电脑化了西欧和北美，他们的书同文之"文"，绝不是"拉丁文"，而是"英文"呢。

美国史上光彩辉煌的所谓民族"大熔炉"，也只是对"欧裔美国公民"说的，不是对其他族裔说的呢。我们亚裔且慢在自己脸上贴金。对欧裔来说，那是百分之一百的正确，他们也是百分之一百的熔于一炉了。但是"欧裔美国（和加拿大）公民"与非欧裔的通婚率，却不到百分之一呢。因此，在"后现代的世界"便会出现的一个横跨大西洋，讲英语的"纯白人民族主义"或"雅利安民族主义"。这个新兴的雅利安民族不是二次世界大战前那个印欧民族主义。那个老主义是有"反犹"属性的，那也是它最后失败的致命伤。

今后这个"雅利安民族主义"则是囊括犹太的。"归化犹裔"将是它的组合核心之中极重要的成员。这个不声不响的新的民族组合，目前正在迅速成长之中。在下一世纪中叶以后，会排山倒海而来的。因此，在后现代的世界称王称霸的，可能还是他们，除非其他所谓"有色人种"能迅速地急起直追，团结自救，否则今日世界上的"低头之犬"，到那时还是无抬头之日也。

在公元四到六世纪之间，我国的五胡乱华时代，也曾有过类似的现象。五胡乱华四百年也是东方各民族的一次大融合，使古老的汉族增加了新血液，而发生了返老还童现象，乃出现了隋唐大帝国的鼎盛时代。目前这个从美加开始的英语民族的新雅利安民族主义，正是一样的，不可小视也。

所以我们亚裔学人，如无视于这一历史上不可避免的新发展，而跟着"欧洲中心主义者"，去胡吹什么"中国威胁论"，或自命清高，去反对什么民族主义，以及去乱搞点什么"中国也可以说不"一类小儿科的宣传，都是"吠非其树"（Barking up the wrong tree，比喻搞错了目标）也。朋友，他们应该反对的，不是我们那个可怜巴巴的中华民族主义，把十二亿华裔受尽百年屈辱之后所发生的一丁点儿的望治之心，看成今后的"黄祸"，老爹，稍有心肝的华裔知识分子，何忍出口？在"后现代"的世界里，朋友，我们的中华民族主义，恐怕还不够资格当"黄祸"呢。替那个不声不响，却排山倒海而来的"新雅利安世界秩序"，做点未雨绸缪的制衡工作，才是我们在新世纪的当务之急呢。而这项工作，笔者不学，恐怕也正是我华裔不可自弃的发展方向呢。

世界网络里国语的将来

所以我们搞比较史学的，眼睁睁地看着白种民族之间，为着他们今后各兄弟民族的实际利益，正在由分而合，由数十种语言，而逐渐统一于英语。英语已成为今日美加的"国语"，也将成为这个新民族（英语民族）的族语。而我们东亚大陆，千年以上就一直是统一的蒙古种黄人，为何今日一定要搞分裂呢？

美国佬和英语民族，早已把英语变成了他们的"国语"和"族语"。在将来的后现代的"世界网络"里，英语很可能成为独霸世界的国际语言，至少也是五大"实用"国际语言之首（另外四个，应为汉语、西班牙语、阿拉伯语和俄语。事实上，今日联合国中，即以此五种语言，加一法语，为通行世界的实用国际语言，可是在将来的www之中，法语必被英语挤掉也）。所以，由于潮流所趋，英语已经变成英、美、加、澳、纽五国的国语，和正在形成中的"英语民族"的族语，而负有相同义务和责任的，我们的汉语，为何不能成为国语和族语呢？

今日台独势力要以闽南语代替"国语"，是不知"后现代"世界潮流的落伍思想，有思想的台湾同胞，千万不能上当。你如上当了，将来你的单语儿孙，会恨死你的。君不见讲客家话的李光耀，也要以"华语"来统一星洲方言，那是为子孙着想呢。李光耀才是一个有思想、有历史眼光的政治家，将来会遗泽无穷的。

我们朝野双方，都应该在这一论断上，和今日的欧洲中心主义者辩论辩论。哪能噤若寒蝉，只听他们吹其一面之词呢？笔者拙论，只是从纯学理和历史潮流出发，绝非看重哪一个政权。深盼各界读者贤达，对拙论能有更深入的指教，而不涉及情绪，那就是抛砖引玉了。

中国朝廷就是古代东方的联合国

话说回头，我国传统的外交学理和外交行政，在秦始皇以后，便转向一个新的方向。它所致力的，不再以国际之间的平等竞争为对象，而是一个金字塔式的宇宙国家的中央政府，对周遭无数小王国所发生的作用。我们读历史的可以肯定地说，从古代到中古、近古的亚洲，统一的"中国"之外，四周少数民族的小邦，是多不胜数的。他们各说各的方言，属国之下，亦有属国。彼此之间的部落战争，也是打不完的。因此，一个强大而又有"仲裁特权"的汉、唐、宋、元、明、清的朝廷，往往是维持他们之间和平共存的力量。

此一小国混战的现象当时不独东亚地区为然。非拉固无论矣，中西欧亦不能免。试看中欧的日耳曼诸小邦，以及西欧的意大利诸小邦，都是在十九世纪末期，才归于统一的，统一之前，他们也是纷争无已时。早年的神圣罗马帝国和中古、近古的教廷，对他们的约束力，还不如帝制时代的中国朝廷也。

换言之，那时的中国朝廷在它自己的"世界秩序"之内所发生的作用，正是今日联合国的"安全理事会"和"国际仲裁法庭"所发生的作用。因此，中华帝国和它周遭无数小王国之间的国际关系，便类似今日联合国与会员国的关系，是先秦时代"周天子"与诸侯国关系的延续。例如清代西藏的喇嘛政权，到承继问题不能自己解决时，清政府就颁发一"金瓶"，让他们去抽签。蒙古王公和喇嘛斗得不可开交时，乃由清朝廷分别加封，来他个政教分立。只有朝廷才能说了算，也只有朝廷才能维持各地区的区域和平。

唐太宗征高丽，邓小平惩越南

当然，人类既是好战好杀的下等动物，在任何制度之下，战争都是无法避免的。中国和四邻少数民族小国，就时常打斗。有时也打得十分激烈，如唐太宗征高丽（六四五年），邓小平惩越南（一九七九年），也都发兵数十万。我的越南学生就告诉我说，在越南的历史上，所有越南的"民族英雄"，都是"抗华英雄"。我也告诉他们，历史上在印度支那半岛族群内战中，不知出了多少"民族英雄"，可能百十倍于"抗华英雄"，但是只有"抗华英雄"才能名垂青史，其他英雄们的大名，你们都不知道罢了。诸生大笑称是。

我们要知道，在汉唐元明清的强势朝代中，"礼乐征伐自天子出"，为着区域事务，或干脆为着"声威"，都会发生征东、征西一类战争的。可是在六朝和南北宋的弱势朝代里，则"礼乐征伐自诸侯出"。一旦诸侯国相互兼并，变得强大了，它就要入主中原，建立其北魏、辽、金、元、清等大帝国，但其所建立的宇宙大帝国的外在形式和内部结构，自秦皇汉武建制以后，两千年中，却一成未变，这也就是毛泽东所说的"千载犹行秦法政"了。这本是一种东方的"世界秩序"，有它自己的运作程序。与西式世界秩序相比，二者之间只有制度之异同，而无政治是非之可言也。

这一与西方完全不同的宇宙观，和宇宙政府之下运作的外交体制，自然是与西方的体制南辕北辙，但它也是个自成体系、有效运作的制度，一行两千年，未尝瘫痪也。只是从鸦片战争之后，在西方制度的挑战之下，无法继续罢了。但是在行将到来的"后现代时期"，它的理论与实践，是否能重发余温，制衡西制？今日似乎言之过早，然并非绝无可能也。君不见，今日美国在波斯湾，不正在大搞其"挟天子，令诸侯"的勾当？现任联合国秘书长安南先生，不是华府一手扶植的吗？老美今日偏不许他充分行使职权，岂不怪哉？

总之，二次世界大战后的战争，如朝鲜战争、越南战争、海湾战争和波黑战争，其性质与结束方式，与一、二次大战及战前之大小战争，均已大异其趣。近年美国所搞的"挟天子以令诸侯"那一套，已愈来愈像咱东方的老传统。迨地球转入"后现代"或"后西方"时代，政客们纵横之道如何？现在虽言之尚早，然其与现在之截然不同，固不待智者而后明也。

现在再回顾一下，看我国外交体制，从近古转近代，是怎样转过来的。

有个外交部，没个外交政策

鸦片战争后，古老的东方文明被迫作第二次大转型。一转百转，我们的外交建制和操作，也被卷入转型大潮，慢慢转移。从两广总督府，转入中央特设的"总理各国事务衙门"（简称"总理衙门"）。到一九〇一年，吃了八国联军的败仗，才又被迫设立了两千年历史上第一个"外务部"，然后重作冯妇，再习外交。百余年来，这项转型学步的经验，是十分艰难和痛苦的。

首先是，近百余来的我国中央政府，虽也有个外交部，却基本上没个"外交政策"。我们所搞的，几乎全部是被动的应付外交，或挨打外交；在国际间的外交行为，始终就未尝采取过主动。此一劣势的形成，虽与国势有关，所谓弱国无外交也；但是我国朝野，对此一新兴行道之无知，也是个主要的因素啊。清末民初那段血泪斑斑的挨打外交，不用谈了，纵在二次大战末期，我们已挤入"四强"之列，但是被欺被宰，还是涕泪横流啊。那是技术落后，愚昧无知的结果，与"弱国外交"就没有太大的关系了。

麻将桌上四大赌客

在二次大战末期，胜利已成定局之时，全球列强，只剩下中、美、英、苏，一桌麻将。六十年后，细谈牌经，历史家不能不说，这场麻将中的最大赢家和最高牌手，实在是老毛子、斯大林也。他原是个局势最危险的德日夹攻、英美暗算的被毁灭对象。但在二次世界大战前夕，他就能安排中国替他"抗战到底"，而化德日"夹攻"为纳粹"单攻"，何等高明？二次世界大战末期，他居然又透过雅尔塔、波茨坦两次会议，不费吹灰之力，不特在欧洲囊括了所谓"苏东坡"半边天下，在东亚也掌握了中国东北、蒙古、（北）朝鲜，最后还在中国东北暗助中国共产党入主中原，真是锦上添花。苏联后来之解体，实在是天亡老苏，非战之罪也。

四方城中，另一麻将客丘吉尔，也技术非凡。丘氏原意，是在欧洲缓开"第二战场"，务必等到德苏两军皆拼搏至死亡边缘之时，然后来个卞庄刺虎，以英美主力，从东欧的黑海沿岸，抢滩登陆。如此，则约翰黄牛，不但可尽收战败纳粹之所有，同时也可把"北极大熊"赶回北极，以除后患。这着何等厉害。

可惜丘某受制于他的"上家"罗斯福，而不能尽展所长。罗某不但有其美国传统的理想主义，他自己也以带病之身，受制于满脑军功而政治木讷的窝囊将领马歇尔和艾森豪威尔。但是二十世纪毕竟是美国的世纪。在这场麻将中，也只此一家能"不按牌理出牌"，赌本无限故也。朋友，人家输得起嘛！这也就是管仲能搞"九合诸侯"的道理啊。人家本钱无限，你如也想赢点小钱，就得"摸着石头过河"，在霸主身边狐假虎威一番。是非云乎哉？这就是罗丘的关系了。

在这场伟大的国际牌局中，本钱既小，而牌技又奇劣者，就是我们的蒋公介石了。他老人家个性倔强，颇有忠肝义胆。一介死士也，烈士也。他搞内交，打内战，有时也有些智慧与手腕，可以不战而屈人之兵；然终非大器，搞国际外交，没个智囊班底，他就是个一介武夫了。在二次世界大战之后，美苏交恶，中国介于其间，举足轻重。运用得当，他原可"坐收两国之金"（这是蒋公最爱阅读的《战国策》上的话）。战后中国共产党员有兵九十万，声势确实不小，但是在美苏夹缝中讨生活，仍是小筹码也。其最终所以能席卷大陆者，蒋氏外交无能，终以一人而与两国一党为敌，麻将技术太鲁，有以致之也。

王尔敏式的基本功

拙篇本是应老友王尔敏教授之嘱，为他的大著《晚清商约外交》所写的序文。然在拜读王子大著之后，不禁百感潮涌。因为像他这样的专著，在欧美的已发展国家里，真触手即是，无虑数百种也，而且多是现抄现卖，无待于百年之后也。回看国共易手之初，"谁丢掉了中国"，曾变成华府政客的口头禅，杜鲁门政府随即抛出"白皮书"，向国内外解释：谁丢掉了中国？中国自丢之也。何等快捷有力。当时也有策士劝复职了的蒋总统，针锋相对，也发表个"黑皮书"以自白，但是只习惯于江湖外交和忍辱外交的蒋大总统不干也。最后他老人家决定在台北修条"罗斯福路"，以扬罗贬杜，亦可叹之甚矣。（其实那时蒋如真要发表一个"黑皮书"，恐亦编不出来。第一，咱中国搞外交无此传统；第二，中国学术现代化，当时还未化到这个化境。官僚体制与象牙之塔还是个老王家的吹鼓手，你吹你的，我打我的，各不相涉。在此之前，蒋公曾出了一本《中国之命运》。据已故史家萧作梁教授生前告我，此书几个关键章节，是抄自美国作家Robert C.North的"*Chinese Communism*"。余复查之果然。这就是中国近代外交学的研究，与政府的外交运作无法配合，很可悲的实际事例了。）

前节已言之，笔者本人，为着糊口，也曾在海内外学府教过不少堂东亚和中国外交史一类的课程，每苦于无中文参考书，以为点缀。八〇年代之初，我又为纽约市大所指派，往中国大陆作交换教授，授美国史及国际关系史诸课程，并曾得机参观大陆各地诸大学有关外交学科的教研情况和图书收藏。斯时开放未几，国内对与外交有关的出版与收藏，可说是一片沙漠，班上纵有极优秀和肯下苦功的青年师生（我班上即有很多优秀的青年大学教师），也苦于巧妇难为无米之炊。回忆笔者于六〇年代之初服务哥大期间，曾由联合国文教机构及美国国务院之特颁执照，与北京有关机关做大量图书交换。经我个人手选，由联合国负责运输之交换图书，即包括美国国务院出版，凡七十年未断之全套"外交档案汇编"。窃思中美两国不论为敌为友，有志将来从事外交的中国青年，将来不论为学（做教师），或从政（当外交官），这部绝版书，都是不可或缺的ABC教科书。笔者当年所以费尽心血，搜得一套运往中国者，职业知识分子之职业癖，实有以致之，然亦未尝不是为两国百年之计，作"后人乘凉"之想，未尝计及个人及身而用之也。初不意八〇年代自己课堂中，求知若渴之青年学者，竟然有此急需也。迨再过北京细询之，始知此部绝版书，在"文革"期间，竟以七分钱一斤之市价，化为废纸，当年主持交换之负责人，亦因精神分裂，自裁而逝云。真为之惊心动魄。（关于当年中美交换图书，笔者曾另有拙文纪其事，见拙著《知彼知己，认识美国：序王书君著〈太平洋海空战〉》一文。王书于一九八七年，由北京海洋出版社出版。此书在大陆为畅销书，后来亦有台湾版。）

所幸，今日大陆不特经济成长，领先世界，外交似亦步入正轨，二者皆鸦片战争以后所未尝有。经济非关本题，从近百年外交史，看今日外交，我们也可以说，从香港顺利回归之日起，百余年来的中国政府，实是第一次有了它自己的"外交政策"，而顺利执行之。

现代国家的外交，毕竟是一项专业，外行不能领导内行。欧美之培养外交专业人才，亦如今日大陆之培养体育明星与歌舞演员，往往都是从中小学即已开始的。至于教研师资之培训，研究成果之累积，与夫图书设备之增置（如今美国常春藤盟校中专设之院系科组），都非一朝一夕之功。因此，一旦有国际外交问题发生，觅对策、访人才，都如探囊取物，而不致手忙脚乱也。忆曾有大陆外交教授告诉我："我们都是不中用的才留在国内擦黑板，行的都出去做外交官去了呢。"

我告诉教授，这怎么可能？外交是专业，与做官不同，外行不能领导内行。君不闻讼棍如毛的美国法律界，有所谓"出庭律师"与"研究律师"乎？对诉讼案件没有彻底"研究"，何能"出庭"？大律师楼的大老板如尼克松，都不是出庭律师。纵是大出庭律师，其背后亦必有强大的研究集团为其后盾。毛主席说得好："没有调查，就没有发言权。"外交亦战场也，不知彼知己，怎能乱下雌黄？天才外交，妙手偶得，不足恃也。

办外交和研究外交学，必须从根本做起。王尔敏教授这本《晚清商约外交》是一本极其折实的外交学基本著作。可惜百余年来，我国研究外交学、做外交官的"绣花枕头"太多了，很少人愿意练这样的基本功。没基本功而奢言外交学、做外交官，就是"花拳绣腿"了。

走上真战场，往往会误国误己的。拜读王兄大著，我希望这是三百篇之首，再有两三百本类似的大著随之而出，我们的外交学就可以全部现代化了。我国经过严格训练的外交官，也就不会再出洋相了。

　　中国现代文化大转型，已进入最后阶段，一转百转，我们外交学转型的完成也会随之而来。希望王教授这本大著，便是这一完成的开始。敬为之序。

　　　　　　　　　　　　　一九九八年二月二十五日序于美国新泽西州

从"洋员"到"博士帮"

——记近代中国技术官僚的演变

绍唐兄：

今天接到老朋友赵淑敏教授一张贺年片。贺片之外，她在信内还附寄一封她给您写的信的复印本。读后大为感奋，因而暂时推开案头堆积的小金字塔，也来向您写一封信，就算是淑敏大函的一点点小注脚吧。

淑敏、淑侠姐妹在创作界已享名多年。她们前些年访美，我都曾特地邀了些文艺界的朋友们与她们欢叙呢。但是文艺中人却很少知道淑敏（妹妹）也是个历史家，尤其是对中国海关史，有极其深入的研究，著作甚丰。因此，她这封讨论清朝末年"外人帮办税务"的信，也引起我很大的烟丝披里纯（inspiration的音译，"灵感"之意），要来加入讨论一番。

我个人曾一再斗胆强调，一部中国近现代史，便是一部近代中国"转型"史。转型的内容粗浅地说来，便是从"旧式"转"新式"，从"中式"转"西式"——政治、军事、社会、经济、文学艺术、道德标准、价值观念、养生送死、仰事俯畜……乃至穿衣吃饭和整个文化体系都一转百转的。任谁也不能来个"江流石不转",大家跟着转,都非转不可。

这宗七荤八素、晕头转向的大"转型",大致需时两百年,才能慢慢地安"定"下来,出现个整体的"定型"。既"定"之后,就不会太"乱"了。

只有江关海关,没有内贸外贸

在这历时两百年的"转型"期中,"转"得最突然的,是那个敏感性最大的文学。一次大战后,中国忽然出了个胆大妄为的小青年胡适之。他要把中国文学,从文言"转"成白话。果然五四运动中,一阵呐喊,三千年不变的文言文学,一下(数年之间)就变成"白话文学"了。另外一个敏感性最大的便是婚姻制度了。辛亥革命成功,民族自由了。一阵自由风吹起,大家都把由盲婚讨来的老婆丢了,大搞其"自由恋爱"来。朋友,自由恋爱,那有"父母之命、媒妁之言"好啊!但是有谁能阻止这项婚姻"转型"呢?三千年旧习,"转"于一旦。

在政治制度转型的过程中,最敏感的便是那些涉外部门了。在秦始皇统一六国之后,直至清朝咸丰朝,我们那个"宇宙大帝国"是没什么"外交部"一类涉外单位的。"三公九卿"之中,那有什么鸟外交尚书呢!

就以"海关"制度来说吧。我们自古向商人抽成的只有"货物税",没个专管"外贸"的所谓"关税"。

在明清两代,我们对商贾抽税最多的关卡是"九江关"。中国财富所在，贸易最盛的地区是长江流域。九江地踞长江腹地，所以九江关是朝廷收入最富的一个大税关。次大的一个税关才是"粤海关"。

粤海关因其滨海，故曰"海关"；正如九江关，因其临江，故曰"江关"。二者的性质是完全一样的。按船按货抽税的标准也是一样的——没有什么"内贸""外贸"之别。

再者，那时我们的税率相当低。一般都不到"值百抽五"。至于另加上的"陋规""红包"等额外勒索，那就因地因官而异了。

因此，当早期外人初来中国，都觉得很奇怪，这个国家竟然没个"海关"，当然也没个什么混账的"移民局"了。老兄，我们自己现在也西化了。回头看去，我们祖国当年竟是个货进"免（关）税"，人进"免验"的古怪大国。

要知道我们自古以来就是个泱泱的"宇宙国家"，哪像那些碧眼黄须的小气鬼，搞什么"民族国家""保护关税"呢！我们朝廷那时不许夷商入城杂居，也不是没有道理的。试问有几家欧洲公司，有几条来自欧洲的商船，不是公海上的海盗？入城杂居，问题多着呢！

可是，上述这种千年未变的固定制度，鸦片战后，就全部开始转型了。

粤海关大楼旧影

清末的大小"洋员"

就以我们的"粤海关"来说吧，这个千年未变的大衙门，小变兹多，但它传统办法大致都是习惯性的也是操作最简单的包税制。在十九世纪中期，它每年实收税银最高可达三百万两，而每任海关监督（任期三年）每年向内务府只包缴八十万两，作为修缮皇宫（今故宫博物院）之用，余款则纳入私囊。第一年余款用作还债（谋职的活动费），第二年余款用作孝敬上级和后台老板高干王公，第三年余款，则是"净赚"。所以一任清监督，两百万两雪花银。这就是那道光年间腐烂的粤海关的传统。它操作起来倒也十分简单，一本私藏流水账，便差可应付。用不着什么"簿记""会计""统计"等现代花样。来头大，老板硬，钱花的也够，没人敢来查账或登报揭发，难得糊涂、糊涂到底，也倒简单。

可是鸦片战后，洋商洋官，要按条约条文，按洋规矩报关纳税，一切按洋理出牌，问题就大起来了。

再者，鸦片战败要赔款，朝廷没钱。羊毛出在羊身上，朝廷就要打海关的主意了。

洪杨起义之后，上述赔款之外，又多了个"剿平粤匪"的军费问题，海关也是个最大的财源，需加整顿。

还有最重要一点，便是洋商难管。在"治外法权"和"领事裁判权"保护之下，洋商和走私洋客是不把中国官员看在眼内的。他们赖债、逃税，中国官员也束手无策。

在如此复杂的情况之下，中国官员无现代知识可作科学管理，也没有制伏洋人的行政力量，他们就要借重"洋员"了。这时正好碰上英国要控制"上海关"的恶行。他们既把此恶行造成事实，清方无力扭转，而洋人管关，其行政效率且优于华人——曾国藩所谓"彼虽商贾之国，颇有儒道"。所以，在新成立的"总理衙门"之内担任领导的洋务派首领，大学士文祥，就主张将错就错，干脆雇用"洋员"来越俎代庖了。

文祥所保荐的"洋员"，不只毛头小子李泰国呢。最可笑的是，他还说动当时美国驻华公使蒲安臣向华盛顿辞职，转任中国外交大臣，率领大清帝国外交使节团报聘欧美各国呢！关于这位特级"洋员"的传奇故事，我曾写过专文论述之，不再赘。

丁韪良

文祥并不是第一个用洋员的洋务派，其后大清政府内洋员泛滥成灾，则是从总理衙门开始的。这些洋员中之佼佼者如丁韪良、李提摩太、赫德乃至费正清的老师摩尔斯，都还算是敦品笃学的正派人士，忠于职守，对中国现代化的发展，也颇有贡献。老实说，我国现代化的"企管"，原都是这批洋员搞起来的。抗战前我国仅有的现代机构，号称三大"金饭

赫德

碗""铁饭碗"的海关、邮政和铁道，全部是依赖洋员起来的。中国官僚自己还搞不好呢。那时所谓"铁饭碗"，可不是大陆后来的铁饭碗啊！

这些洋员至民国初年已渐次被土生的"博士帮"所取代。然迟至"西安事变"，还不是有个端纳，扮演圣诞老人，在被囚者的卧室，出出进进？

端纳和陈纳德

读者们或许要问，清朝末季何以忽然刮起一阵"洋员"之风呢？真不谈具体、谈抽象，我们还得从"转型"说起。转型者，由旧转新，由中转西，由中古转入现代也。在晚清七十年中，我们政府之中"旧式的""中式的"和"中古式"的人才，朝廷开科取士，可以无限制供应。可是要找一点"新式的""西式的"和"现代化"的人才，那就搜遍神州也难找到三两位了。纵使有几个洋人训练的若干华裔通才或专家，像容闳、严复、詹天佑和孙中山，他们在那"科甲出身"所把持的官僚体制中，也遭受歧视，无法出头。

容闳一怒去参加长毛，谁知长毛比鞑虏更反动。严复收起洋书去参加科举，却累考不中。孙中山"上书"不成，怀才不遇，乃愤而造反。其中只詹天佑一人稍展所长，亦未蒙重用。

但是朝廷要通洋务、办新政，和洋人打交道，没有新式人才，又从何办起呢？丁韪良在其自传中把大学士文祥推崇备至，说他是大政治家、学者和诗人；但是讨论起国际事务来，则文祥只是个"儿童"。像文祥这样的洋务派，他们那时连什么叫"公海"、什

么叫“国际法”、什么叫“主
权”“宗主权”都茫无所知，
更不用谈什么“代议政府”“民
主”“人权”和什么“modus
vivendi（妥协，权宜之计）”
了。既然连这些最起码的概念都
不懂，那如何去搞新政呢？这样
他们就只有去雇用那些略通汉语
的“洋员”了。

端纳与张学良

张学良将军曾重用洋员端
纳，并把他介绍给蒋公夫妇。清
末那些洋务派如恭王、文祥、李
鸿章、张之洞、盛宣怀等等，每人身边都雇用了一两位“端纳”。没
个端纳，他们搞洋务、搞新政，就寸步难行！可以理解吧。

这些“洋员”，在他们本国大致都是些不见经传的人物，甚或是
“瘪三”，但是一旦被中国政府看中，派为洋员，便可立刻跻身廊
庙，参加最高决策。像“西安事变”中的端纳，便是个最好最近的例
子。抗战期间的陈纳德将军也不例外。

陈纳德本是美国空军中的一个上尉。因为耳聋被强迫退伍失业，
乃改行为“售货员”，到远东来推销美国飞机。先去日本，后来中
国。那时的中国空军的“顾问”（洋员），几乎全为意大利人所包
办。但是我们的航空委员会秘书长宋美龄少将，却想找一位美国顾
问。这样陈纳德就由他的美国友人向蒋夫人诳报为已退休的美国空
军上校。晋谒之后，秘书长对他印象极好。他既然曾任美国空军的
“上校”，没二话，便受派为中国空军“少将”。月薪千元（当时

陈纳德

"国府委员"月薪只八百元），副官、司机、保镖、厨司，应有尽有。一夕之间，平步青云，连升四级。到头来还离掉老妻，在中国讨了个如花美眷。英雄美人，誉传青史。

陈纳德将军在中国的贡献之大，尽人皆知，无待多述。而陈氏也毕竟是条好汉，英雄不论出身低。上述故事都是他在自传内坦坦白白说出的，一句没有遮掩，当然遮掩也无益。

只是写自传的人（人人如此），难免都有点自我吹牛。在自传中他说他驾驶的美国战斗机内，曾找到敌机射入的枪弹，那就是胡吹了。耳聋之人，还能和敌机作"狗斗（dogfight）"？作者自己也没有交代他何时何地与日机"狗斗"过。

"北京饭店"的西餐厅

端纳和陈纳德的故事，虽然是清末"洋员"故事的回光返照，但是其内容也是很标准的。淑敏说李泰国是"毛头小子"。其实那些驰名国史的洋员，很少不是毛头小子出身的。只有极少数是例外。例如吃了杨度大亏的，袁大总统的洋员（宪法顾问）古德诺就不是个毛头小子。古氏来华前任哥伦比亚大学法学院长，嗣任约翰·霍普斯金大学校长。要不是被杨度捣了蛋，他可能要被共和党提名为总统候选人，接威尔逊的班，当选美国总统呢！

总之，洋员不论大小，倒霉的古德诺之外，他们对中国都有或大或小的贡献，其余波至今未息。笔者亲身所见这类故事就很多，举一个"北京饭店"之内所发生的小例子，聊博吾兄一粲，亦可概其余。

那座位于天安门之侧，世界闻名的"北京饭店"，其中有个西餐厅。笔者在八〇年代之初，亦尝随友观光。见那灰溜溜、懒洋洋的情况，便觉它名实不副。继见其咖啡装在茶壶里，一面煎鸡蛋被煎成两面黄，才知道它价钱不算贵，而生意如此清淡的道理。一位长住该店的老华侨实在气愤不过，她指着一位领班服务员向我说："他不知是几级干部？你看他那副死样子！"

数年之后，笔者又有幸旧地重访，以其价钱公道也。谁知道一脚踏入原厅，不禁大吃一惊。厅犹是也，却容光焕发，生意兴隆。顾客排长龙而入，个个满意。笔者穷酸，早餐满意之后，多少亦小呼负负，因其价钱亦超过原价一倍以上也。价钱公道，门可罗雀；价钱增倍，户限为穿，啥个道理呢！不禁怪而询之。一位青年经理告我，由于营业亏损，原先那位经理被撤换了。新经理是特地外聘的洋人。这位洋经理接事之后，第一桩事便是把价格提高一倍，接着便是汰冗员和整顿内部……时不旋踵，便长龙大排，财源似水了。

闻小经理之言，老教授不禁自叹曰："北京饭店也找到了一位'李泰国'！"

绍唐兄，北京饭店是世界级的五星大旅馆，住客如云。老唐写报告文学，敢无中生有，胡扯一通？

不过这类事搞久了，往往亦发生崇洋媚外的反效果。你看上海那座希尔顿之内的华员的态度就很明显。他们见到洋客个个笑脸相迎；华客来访，往往一问三不理，王顾左右，奴气熏人。所以，我也要向淑敏嫂解释：在吴建彰和李泰国之间，你要叫我选择哪一位，实在很难说。

咖啡装在茶壶里

所以，清末的"洋员"把他们按性质分类，实在只是一种"技术官僚"，甚或只是一种"技术员"。因为我们社会转型是自东向西转的。我们多的是东方式官僚，东方式技工，却缺少西式的"技术官僚"和西式"技术员"。在西式人才难得的时代，有关洋务，事无大小，我们只好向番鬼佬求助了。

大事如设立海关、开凿煤矿、厘订条约等等，我们非求助于洋专家不可；小事如"茶壶不能装咖啡""一面煎鸡蛋不能煎成两面黄"，甚至怎样"打网球""乘汽车""抱女人""穿西裤"等等小事，都要有洋员指导。

顾维钧先生以前就告诉过我民国初年一记穿裤子的风波。因为民初官场规定的"礼服"，是戴"五加仑"高帽的西式大礼服。这种大礼服买来容易，有钱就行。可是如何穿法，却大有文章，非有专家指导不可也。某总长级高官，在一次国宴中，因身边无"洋员"可备咨询，误听"秘书"之言，把裤子穿错了。读者欲知其详，以后面谈吧。否则到哥伦比亚大学"顾维钧档案室"，翻翻原稿也行。

穿裤子有什么了不起呢？初不知裤子也代表文化。不同文化之间有"文化冲突";不同的裤子之间,亦有裤子冲突嘛。前些年美国总统就职大典,在国宴酒会上,还不是有东方贵宾,穿错了裤子!穿裤子的学问大矣哉。

或问:咖啡为什么不能放在茶壶里呢?事实上这就和穿裤子一样了。某种饮料有某种喝法,某种裤子要有某种穿法。其实裤以蔽体,茶以解渴。怎样穿?怎样喝?本是小事。可是,这就是文化嘛。文化由简入繁,本来就是无事生非,自找麻烦嘛。不幸的是,我们这宗东方文明至今还是个"衰世文明"。一个衰世文明向一个西式的"盛世文明"转型。茶壶酒壶小事也,但是正如大炮筒上晒裤子,一叶知秋嘛!挑在眼皮上的小事都是二百五,操心暗室、闭门造车的大事,也就不可能是五百二也。我们既然"事事不如人"(胡适警语),事事要向人学步,那么把咖啡装在茶壶里,这个五星级大旅馆,就要摘掉三颗星星了。本来嘛,搞搞"未晚先投宿,鸡鸣早看天",经济实惠,古意盎然,没啥不好嘛。谁叫我们要去搞个什么"改革开放",什么"现代化",什么"向先进国家看齐",要开设"观光大酒店"呢?要向先进国家看齐,自己又搞不来,甚至连穿裤子、打网球、坐汽车……都要找洋裤专家、网球秘书、汽车顾问,则洋员(很多都是瘪三)就泛滥成灾了。

从"幼童留学"到"博士帮"

在光绪初年,像李鸿章、张之洞这一类有远见的地方官,就知道专靠"洋员"不是办法。他们要训练土员搞洋务。但是土员舌头硬,连个ABC也说不好,最后只好送"幼童留学"。又谁知这些乖乖宝宝的"幼童",一到美国很快就被美国习俗"污染"了。他们要"割辫子",拒绝向上级"下跪请安"和口称"大人",他们甚或取了汤姆、亨利一类的洋名字,要与"大人""握手",与女人"自由恋爱",乃至信奉洋教。总之,他们都变成黄皮肤的"洋员"了,甚至比洋员还要"洋",比洋员对中国的不满意见还要多。大学士、总督、巡抚,吃他们不消——幼童留学便彻底失败了。失败之后,他们又鼓励起老童留学来。其后得到洋人解囊回馈,就变成"庚款留学"了。

绍公,我们是个早熟的民族。在蒋公那一代,他们都是十四五岁就结婚了,十五六岁就变成有家室之累的"成年人"和拖儿带女的"爸爸"了。把这批"成年人"和"爸爸"们,送出国去留学,他们的反应,自然就和以前的"幼童"不一样了。这些人像王宠惠、顾维钧、王正廷、蒋梦麟、梅贻琦、胡适等等,本质上都是传统社会中士大夫的接班人。他们在海外学得好的,那就是真正的"中西之学俱粹"了。纵使未学好,至少也说得满口洋文,中西常识兼备,不在瘪三洋员之下。加以时代变了,科举废除,举人进士不值钱了。再加上民国肇建,西式大礼服代替了补褂朝珠,会穿洋裤子也变成专家,他们这批"博士帮"就左右逢源,上下兼通,一枝独秀了。

这种博士帮在民国初年,基本上是一群"技术官僚",以西学西语,干禄公卿,听凭雇主招募,作三朝元老是不拘小节的。我曾写过闲文讨论过他们,于此不再多赘。(附注:早期留日留俄的中国知识分子都不是"技术官僚",而是"职业革命家"。)

绍公,为淑敏一函,我就七扯八拉说了这一大套离题万里的话。然虽是微言敝帚,享之千金,亦未始毫无大义也。罪过罪过,乞兄教之。

恭祝兄嫂及贵社诸君子淑女春节康乐

弟德刚再拜

未完芜笺

一九九四年一月二十日补写于北林寓所

纪念怡和丝茶行的"浩官"
——英商"怡和洋行"的由来

由于前不久把总部撤出香港，英商"怡和洋行"引起震动。"怡和洋行"曾左右了香港金融乃至抗战前的中国外贸（包括长江航运）至数十年之久，真可说是财倾中外。但是有谁知道它原是做我们中国广州的"怡和丝茶行"，欧美代理人起家的呢？有谁知道它是先做代理人，最后反客为主，占用了老招牌而神气了一百多年呢？

这段历史说来话长，但不妨三言两语地讲个小掌故：

须知在鸦片战争（一八三九——一九四二年）前的一两个世纪里，世界上搞国际贸易的最大商行不在伦敦，更不在纽约，而是总部设在广州的中国丝茶行，所谓"十三行"。而"十三行"中资本最雄厚的，便是伍家经营的"怡和丝茶行"了。

伍家原籍福建，福建人把茶叫作Tea，他们包办了欧美的茶叶贸易，Tea就扬名天下了。美国人就是为着福建的"乌龙Tea"，和英皇打了一场"乌龙"战争，才独立起来的。所以美国最早的"党"不是"民主党"，更不是"共和党"，而是首先打起这宗独立战争的"茶党"（Tea Party）。

伍秉鉴画像（英国画家乔治·钱纳利绘）

伍家怡和洋行的创办人叫伍国莹(一七三一——八〇〇年),他为了和洋人打交道,乃花钱给自己捐了个官名叫"浩官"(Howqua),行名"怡和"(Ewo),大致成立于乾隆四十二年(一七七七年)左右。其后由国莹的二子秉钧接长。不幸在嘉庆五、六年间他父子相继病殁,乃由国莹第三子秉鉴号敦元(一七六九——八四三年)接任浩官,继长怡和。敦元年老退休,乃由他四子元华继任。元华不幸于道光十三年(一八三三)病死,乃由敦元第五子崇曜接长怡和。

伍崇曜(一八一〇——八六三年)十三岁就考取秀才,二十一岁便由道光皇帝破例钦赐举人,去北京会试。崇曜原是个才子,想中进士、点翰林、做大官的。不幸四考四落,中不了进士,而乃兄又病死,怡和无主,只好弃学返商,又当起浩官了。

怡和在伍秉鉴时代已积有资本两千六百万银圆,允称世界首富。迨崇曜接长时更是一帆风顺。据当时美商估计,其家当已增长数倍。

吾人今日搞进出口都是以美金为标准的。可是在十九世纪中叶,则是以墨西哥铸造的银圆,所谓"鹰洋"(重中国库秤七钱二分)为标准。伍敦元有家当两千六百万,伍崇曜近亿。以当时的购买力,折成今日美金,那还得了!

让我们再看看与伍家同时的美国第一富豪的亚斯特家族。亚斯特父子(John Jacob Astor, 1763—1848 and William B.Astor, 1792—1875)当年是垄断对华皮货贸易起家的。后来又是纽约市的地皮大王,号称"纽约市的地主"。当今世界拥有卧房一千间以上,最豪华的"华尔道夫大旅馆"当时就是亚斯特家族的私产,其富可知。但是他亚氏家族财产总值不过两千万银圆。相形之下,怡和伍家究竟有钱到何种程度就不需多说了。

当年在英商东印度公司里有两个贩卖鸦片的小经理叫渣甸和麦迪臣的，原只是伍老板对欧美的卖办（不是买办）。后来伍家和大清帝国一道倒了，伟大的"怡和"行名，就被他二人的公司冒用了，以至于今日！

浩官爷，尤其是伍崇曜，不只是个生意人呢。他在中国原是救灾救难的第一号大善人。他也是我们文化界了不起的大护法和没有完成论文的博士生。他后来出资刊刻了好多绝版孤本和时贤著作，如《楚庭耆旧遗诗》《岭南遗书》《粤十三家集》《舆地纪胜》《粤雅堂丛书》。看到今日"怡和"，我就想到我们自己的"浩官"。更希望我们搞进出口的朋友们，再多出几位"浩官"来。

一九九四年五月十五日为美国中华进出口商会会刊作

对人类未来科技战争的联想

　　我们现在在美国西海岸的加州度假。此地四季如春，真是有所谓"四时不谢之花，八节长青之果"。新开发的旧金山市郊，较东海岸纽约的郊区，更为整洁和现代化。我在此除携同幼孙男女游水打球之外，有空也在看看书，并继续写写我自己的历史哲学，谈谈"不连续阶段论"，为中国近现代史，做点"解惑"的工作。想不到昨天携同幼孙男女去看了一场机器人擂台比武"秀"。这台闹剧，观众在大笑大叫之后，我这个"历史家"竟自觉迂腐难当，不能再谈什么历史哲学了，而想谈谈所见的机器人比武打架这一令我笑得、叫得眼泪直流的"儿戏"。我的小孙子，看得直跳、直拍手。和他一起去的邻居小孩，也为自己的爸爸未去而可惜，说他爸爸"miss such a good show"。可是他们哪知道，我这个爷爷在和他们一样不失童心之余，却忧心忡忡。因为我这个敏感的"历史家"，由此联想到了二十一世纪的国际战争，甚或是一场"中美大战"的远景！

　　贵刊的读者们，想必都已在电视上看到了七月四日（美国独立纪念日）美制机器人登陆火星的那个镜头。那位在火星上工作的美国机器人，是一位可敬可爱的青年科学家。他在采取标本，传回地球做科学实验，造福人类。但你没看到那些在瓦岗寨、在梁山泊上发疯的机器好汉吧？若把这批野蛮的机器鲁智深、机器程咬金送进北京的东安市场或台北的忠孝东路，发起疯来，那还得了。美谚有云："野牛进了玻璃店（A bull in glass shop）"。发起疯来，如何是好？这就是我所看到的"秀"了。

全国机器人来此大比武

话说这个机器人比武秀，在此已有四年的历史了。最开始是由一些有赚钱头脑的商人，号召全国各地制造机器人的业余玩家，把他们制造的机器人，都集中到旧金山来，比武一下，看谁强！

美国是个集会结社最自由的国家，任何业余爱好都有他业余俱乐部组织。例如麻将俱乐部至今已有近百年的历史，最盛时有会员三百万人。但是美国人太忙，没工夫打麻将，所以麻将俱乐部始终兴盛不起来。我们中国闲人太多，人人都爱好这一"国技"。大街小巷碰吃之声，不绝于耳。但是就没个"麻将俱乐部"。真要组织起俱乐部来（像一些国剧社、京剧社），那一定会搞肢体抗争，打他个头破血流；绝不会搞成像老美俱乐部那样互敬互爱、其乐融融。

老美今日各地都有其业余机器人俱乐部的组织。一经号召，大家便集中到旧金山来"俱乐"一番。同好、同玩、同乐，好不得意也哉。大家都来了，政府和科技教育界，认为这是有益身心、增长科技知识的正当娱乐，于是提供一切方便，为人民服务。美国的国家公园等公共设施，那才是真正的"为人民服务"呢！

至于商人呢？也不是全向"钱"看。他们赚钱，也要让花钱的人花得舒舒服服，心安理得。正当的商人，不会巧取豪夺，更不会胡乱骗人。商有商德，赚钱也有其分寸。你说美国是美帝，纵使如此，也盗亦有道。这些都是我们开放中、开发中国家，所应虚心学习的。不应举一反三，以偏概全。

打擂台分三级

这场比武的擂台，是设在旧金山西南滨海的梅森堡中心。比武场地（我们中国武侠小说上叫"擂台"）约一个篮球场大小。四周设有八尺六寸高的防弹玻璃墙。观众约一千三百人，在梯形看台上围墙而坐。墙边设有一小型指挥台，由参赛制作人手执遥控器，在墙外揿钮指挥墙内勇士如何搏斗。最年轻的指挥官，是一个只有十三岁的小女娃。擂台规则是，动手动脚和十八般武器样样可用，但是放机枪、投炸弹则只许表演，不许参赛。

擂台之内的场地，四周沿墙则设有长满铁钉的自动木杠和长木板。另有形如俄国镰刀的自动、大铁钩两只。若有武士误入禁地，不是被棍棒驱逐，就是被大铁钩插死！油锅刀山，形势森森。

参加搏斗的机器武士，形状不拘，按体重共分三级。五十磅以下、可以手提的武士为轻量级，五十磅至一百磅为中级，一百磅以上为重级。最重的那条机蟒长逾十五尺，血盆大口，满嘴钢牙利齿，周身铁甲。宣讲员似乎未报重量，在我看来，其重量应在三百磅以上。和它对阵的那个钢铁大恐龙，头高六尺以上，肚子像个小坦克，重量也是不轻的。至于那些放枪放炮只许表演不许参赛的家伙，其厉害就不用谈了，有一位宝贝投出镖枪，可以插穿一片钢板。如果被投歪了，那四周的观众就遭殃了，所以要用防弹玻璃把擂台围住。前年防弹玻璃仅三尺高，去年增至五尺，今年升至八尺半。比武规则是各武士按重量一对一登台决斗。斗起来，心要狠、手要辣。在十五分钟之内，要能把对手打得粉身碎骨才过瘾，才算真好汉；不像长皮肉的拳师，咬掉对方耳朵就被罚出场那么窝囊。四周观众一千三百人，男女老幼，五色洋人，可以自备粮饷，热狗、可乐、芋条、汉堡，随意大吃大喝。精神饱满，好为决斗勇士，挥拳蹬足，呐喊助阵。决斗到高潮时，刀斧铿锵，加上千人呐喊之声，可以震破屋梁。为保护你的耳膜，入场之时每人免费赠耳塞二个。笔者与台湾的柏杨老先生同庚，自惭老迈，耳朵不灵，为保护幼孙，坚嘱他们带上耳塞。自己则有恃无恐，谁知倚老卖老，几乎被震得两耳失聪。

铁乌龟对决

全场三级参赛勇士每天有四十余位，三天赛期，总该在百人以上。一对一决斗，不论死活，均十五分钟一场。胜者亦如斗鸡场的雄鸡、蟋蟀缸中的胜蟋蟀，雄赳赳、气昂昂，不可一世。其主人还可赢得奖金五千元和奖杯一座。打败的当然也就像落毛的败鸡、哀鸣的蟋蟀，灰溜溜也，不用说矣。二者我在抗战时期的祖国，都亲眼见过，余味犹存也。

这次我们看到的头一场，是两个各重五十来磅的铁乌龟对决。这两只分别来自美西两州的铁乌龟，其形象像两个向一边倾斜的不锈钢方铁盒。由各自的主人提携入场，各据一端。决斗之前"来将通名"，各有响珰珰的武士之名，像什么黄天霸、窦尔敦等等。铁乌龟，是为读者方便，我替它们取的代名词。

一切就绪，宣讲员在大喇叭中大叫Ready—5。全场一千三百助威者（当然包括我的孙男孙女和我老汉自己），也跟着大叫"四—三—二——一"（好像"香港回归"倒计时）。两个乌龟勇士就开始摩拳擦掌，蠕蠕而动了。由小动到大动，取好位置，像台湾的飙车儿郎，分别以五十公里时速，迎头撞去，来个Head—on，铿然一声，撞得团团转。两个乌龟的肢体抗争，虽或没有台湾民意代表们那样激烈，但是从一旁一千三百个助威群众的大嘴巴里嚷出的喝彩声，却遮天盖地，震耳欲聋，好不乐煞人也！

我叫它们做乌龟，也不是一味胡说的。因为我在电视节目里，就看过体积和它们相同的非洲乌龟，在沙漠里为爱情决斗。乌龟打架是既不能动口，也不能动手的。它们的胜负取决于谁能把谁撞翻。乌龟是不能翻身的，一旦力有不敌，被情敌撞翻，要翻回头就很困难了。有时需要数分钟，乃至数十分钟，甚至根本翻不回来，就被沙漠上的赤道太阳晒死了。纵能努力翻回头，然时移势异，"美龟已属沙咤利"，翻回来也是枉然，倒不如在沙漠中晒死算了。

这两个铁乌龟在如雷的喝彩声中，大撞特撞，最后总算乌龟A把乌龟B撞得四轮朝天，在一千三百个笑掉眼泪的助威者声中，光荣收场。好不热闹也哉！

接着而来的数场"轻量"赛，无场不精彩，无场观众不喊破喉咙，笑得掉出眼泪来。

单刃对九刃

在数场"中级赛"中，那就不止于滑稽突梯了。那种刀砍斧劈、血肉横飞，足使你惊心动魄。一位机器勇士上场，身佩九刃——九架运转如风的八寸圆锯。下有九条钢腿，足着橡皮厚靴，上山下楼，伸缩自如。它的对手方则是一辆小型坦克，车头载一突出的直径约二十寸的钢锯。旋转起来，风声习习。在它们初次交手时，小锯不敌大锯。小锯被锯得腿断刀翻，火花四射，遍体鳞伤。小锯自知不敌，乃改变套路，转往敌后。这一战略改变，果然生效。原来大锯只能向前，不能顾后。在敌进我退，敌退我进，敌停我扰的情况之下，被小锯咬住屁股，黏上身来，逃跑不了，屁股被锯得裂痕斑斑。但是锯子太小，屁股太大，终难致命。不意小锯另有一套"沾绵拳"的本领，利用钢腿伸缩，皮靴胶着，三圈两转，竟然扑上大锯的屁股。九刃齐发，终将强敌屁股锯下一半。大锯吼声如雷，但是无法回头，终于在全场千人喊杀声中，殉职横尸于沙场之上。真是呜呼哀哉，惨烈无比。

粉身碎骨

在重量级初赛时，是两辆坦克对决。第一辆形如飞碟，全身不锈钢，发出闪闪冷光，伏在地上，像一只倒置的铁锅。它无头无尾、无手无腿。本领只限于旋转如飞，横行如电，以撞敌为乐，这点倒颇像台湾的飙车少年。第二辆坦克，则像一辆真坦克，厚胶履带、钢铁齿轮，一应俱全。车前突出的长筒平射炮，因禁止开火，乃改装成丈八长矛。以坦克之力，推出丈八蛇矛，那长坂坡的张翼德何能相比。长矛之外，车身且暗藏武器，有铁钩、有利斧。当两雄纠缠近身肉搏时，则钩斧齐出，如不把强敌剁成肉糜，也可劈成两瓣。双方由各自主人推上战场时，都赢了个"满堂采"，真是太平洋沙滩上的潮水都为之倒流。双方取好位置，长皮肉的两造主人，退出场外，防弹玻璃大门锁紧。在"五—四—三—二——一"的助阵喊声里，两壮士左右扭转，运行热身。然后站好阵地，怒目相视，全场两千六百只眼睛，也目不转睛，鸦雀无声，屏息以待。忽见二勇士自擂台两端，铆足气力，一下以最高速率，冲向对方。说时迟，那时快，只听噼啪一声巨响，铁甲横飞。观众定睛一看，只见那飞碟还在就地旋转，而长矛坦克，则被撞得粉身碎骨。丈八长矛和两条履带都断成数节，乱抛地上；钢肚之内也肠胃皆出，无数毁坏的齿轮当中，有的还在急速自转。全场见状，顿时一阵彩声，整个看台爆炸了。胜利者为答谢彩声，迅速绕场旋转，多谢诸位捧场。

重量级里，还有流星锤（重十余磅）对勾连枪等数场，也都精彩绝伦。可惜限于篇幅，老汉又嘴笨笔拙，描绘不尽，殊以为歉。

巨蟒虽败，后患无穷

本日收场的压轴战，便是首节所述的钢铁制造、电脑指挥的大蟒蛇和恐龙的对决了。当六尺恐龙被推入场时，全场不免一片啧啧之声，惊奇不已。当机蟒大王乘了两辆板车，由六个车夫推着，施施而来时，全场为之大"啊"一阵，以其形状逼人也。可是两位都因体形粗壮，大汉半呆，打斗并不激烈。蟒蛇的本领有二：一是以它粗而长的蛇身,把对方一圈圈裹住,勒死;二是张开血盆大口,把对方吞入腹中。读者知否?抗战期间,我远征军健儿在缅甸野人山,曾打死一条巨蟒。以其腹部特别胀大,好奇的官兵乃剖而视之。竟发现它腹内除人骨之外,还有一顶钢盔、两颗手榴弹、钢笔、手表和枪弹水壶。勒而吞之,这就是巨蟒的最大本领。如今这条钢铁大机蟒也如法炮制。它扭动全身要把恐龙裹住勒死。不幸它自己裹不住恐龙,纵使裹住也勒它不死。它张开血盆大口,要把恐龙吞下。它大嘴猛张,却无法吞下恐龙,而恐龙的数尺长颈之端的铁头、钢牙、利齿,却可不断地居高临下,向巨蟒猛袭,把它的铁甲一片片打开,五脏一件件打烂。巨蟒最初还拱起扭转躲避,渐渐地它就开始瘫痪地上,终于长眠不起了。观众此时并没有为胜利者助威呐喊,大概认为它虽胜不武吧。大家对败者口张鳞破,无声地死去,反发出些同情与惋惜之声。一位坐在我们邻座的金发女郎,似乎有怪于巨蟒的设计人设计不周,说:"这条蟒蛇根本不可能吞下那恐龙。"我说,"但是它可以一口把你吞下去啊。"她笑着点点头说:"This I am sure."(这点我倒毫不怀疑)。但是与她同来的姐妹,似乎看得很过瘾。她说她喜欢紧张刺激,但是却憎恨看拳赛。那种把耳朵咬掉,打得鲜血淋漓,卧地不起,实在倒胃口。不像这场Robot Wars,虽也打得粉身碎骨,刺激紧张,但毫不恶心。

深挖洞,广积粮,不称霸

归途和晚餐桌上,孩子们仍口沫横飞,指手画脚地大谈其机器人大决斗。而我这个久经战祸,草木皆兵,专好杞人忧天的老头儿,却另有梦魇。

我回忆到抗战时期的重庆。敌人发动九十架飞机在上空对我们搞"疲劳轰炸""糜烂轰炸",炸得山摇地动。而我们那批顽童还若无其事地在防空洞内下象棋、打桥牌、拉胡琴。烛影摇红,悠哉悠哉。那时的日本小鬼,如自天空投下数百条(像我们刚才看到的)钢铁大蟒蛇,在敌人遥控之下,无孔不入,摇头摆尾,施施然进入洞来,那如何是好?朋友,莫嫌老汉瞎紧张,一想起来,真食不甘味,夜不成眠呢。日有所思,夜有所梦。我也想到一位已故老友殉梦的情形。他在半夜三更忽然在床上坐起,大呼:"可怕极了!可怕极了!"把身边的夫人也惊醒了。问明了,原来是一场梦魇。二人继续睡下,等到早晨要上班了,他还未醒来,夫人去叫他,才知道他已过去了。我们老朋友们悼念他的突然逝世,有的说他在梦中可能碰到"前世"的仇人,也有可能他梦见了毛主席的红卫兵(他是"文革"后才离开大陆的)。其实他如梦中发现防空洞里进来一条大蟒蛇,也可以被吓死的,因为抗战期间他也在重庆读大学。

抗战时期,华北敌后的八路军也在和敌人大打其"地道战"。神龙见首不见尾,打得日军毫无办法。二战末期,日本人打不过美国人,也开始向我们的八路军学习打地道战。其中最惨烈的"硫磺岛之战",便是数万日军在地洞内死守,直至最后一人。数万美军在洞外攻坚,损失也在一半以上。美国人性命宝贵,死伤太大,于是就改变战略,不敢在日本本土登陆了。可惜当年的美军还没有今日的儿童玩具。老美那时如有此玩意儿,当时如能送数十条口吐烈火,无孔不入的钢铁大蟒蛇,登陆硫磺岛,则GI(美兵通称)不折一兵一卒,洞内日本小鬼,势必全歼无遗了。

二战后相继发生的朝鲜战争、越南战争,老美被打得夹尾而逃,也都是"地道战"的功能，无待细说。毛主席老人家目光是锐敏的。一见及此，句句发金光的"毛泽东思想"，就出现"深挖洞，广积粮，不称霸"的九字真言了。在毛泽东"三线"战略思想的指导之下，"深挖洞"不但可以"抗美援朝"，更可以"抗苏防修"，保卫正统共产主义。当笔者在一九七二年第一次回国时，正是珍宝岛事件后防苏修的高潮期。据说早年国民党在大后方重庆一带所挖的防空洞，后来还能被当地小流氓废物利用作地下赌场；共产党在我们黄淮大平原一带所挖的千百里的土洞，后来都积水坍方，弄得不堪收拾。

笔者初见此土洞时，心中有说不出的矛盾感想。挖洞御敌原是我的安徽老乡曹操和朱元璋的老办法，据说犹有遗址可考。但这老办法，在核子战争时代仍然可用？再想想，在这核子战争中不用此老办法，还有什么其他新办法呢？君不见原子弹的祖国老美，那时不也正在大挖其洞？

在当年美苏冷战期间，美国曾有一部票房纪录极高的电影叫《俄国人来了》。笔者亦曾被它笑得腰酸泪流。美国人那时对俄国人怕得要死。老毛子的确也曾把他们的导弹搬到古巴，向华盛顿和纽约瞄准过。俄国人真的来了，怎么办？老美无他途可逃，也只好实行毛泽东思想，来他个"深挖洞，广积粮"。一九七一——九七二之间，我在纽约州立大学昂里昂特分校当了一学年的访问教授。校园之后有一座石山，其体积大致略小于南京的紫金山。据校中同事告诉我，那将是"核大战时纽约州的州政府总部"。因为那座山已被挖空，内部一切设备齐全。一旦俄国人来了，则州长和夫人立刻可率大小官员数千人入山避难；并以最有效率的地下通信设备，指挥全州三千万军民"反共抗俄"！但是俄国人不来的话，则这个伟大的地下宫，每年还需百万元的维持费，以免它变成地下赌场或积水坍方。不幸俄国人一直没有来,而州长每年预算照列,议会坚吝不通过,两方政客七嘴八舌地吵闹,才把这一大秘密曝光云云。这是我在课余听到的小道消息,事不干己,所以也无心搞"小心求证",至今一直存疑。姑且写出所闻,读者信不信就由你吧。

那时的美国,尤其是纽约市,"地下避难所"的招贴简直是遮天盖地,随处皆有,以便警报一发,市民知所逃避也。美国所有的高楼大厦,皆有地下室。前些年被炸的世界贸易中心双塔大厦(编者注:这里指的是1993年3月26日发生在世界贸易中心北楼地下停车场的爆炸案),地下室至少在五层以上,再加排水通风、货运人行的地道,纵横交错,都是最好的空袭避难所(我们习惯叫作防空洞)。哥伦比亚大学有大小楼数十座,楼楼有地道相通,连成一大八阵图,复道多余,且被封闭成百米靶场,你可以去打靶开枪。学生所用的奥林匹克地下大泳池之下层,还有教授专用小池,学生止步也。它这个八阵图,在该校教书六十年的老教授一旦误入其中,也要晕头转向,不知进退何方。而愚小子当年在其中横冲直撞,如入无人之境,其原因便是不才曾在哥大打工,做过两年书童,运书送货,无孔不入,故颇知其迂回门径。"俄国人来了",不愁无处可逃也。今日老电影已卖不了钱。新电影"中国人来了",可能正在设计中。中国人今日竟然可向美国人说"不",美国就要喊"中国人来了"。老兄,咱中国厚颜无耻地做了洋大人二百年的"低头犬",现在偶尔向那些目空一切、横行霸道的老帝国主义,阿Q一下,咧咧嘴、露露牙齿,"威胁"一下,有何不好?君不见,今次纽约百老汇上,两万华人庆祝香港回归大游行。愚老汉夫妇,将谓偷闲学少年,在烈日之下,也与众后生挥拳大叫。奶奶的,和尚摸得我摸不得?教授爷、大师,这叫啥鸟民族主义呢?阿Q们借机宣泄宣泄罢了。你说出口鸟气,不应该?

孔令杰的地下桃花源

话说回头，二次大战后，最有趣的花边新闻，还是我们的孔令杰兄在美国得克萨斯州所建造的私家地下避难所。据他的原始设计师和建筑师所透露的消息，这个避难所是建在一个大湖之下（可能是因为湖水可以隔绝原子弹爆炸后所发出的辐射线），其规模可能与上述大山之中纽约州政府所建的避难所相伯仲。其中除生活起居的设备之外，还有商场、医院、健身房……甚至私办监狱，在大清帝国时代叫作“私班房”。既有私班房，应该就还有私家警察和警察局。在“广积粮”一项之下，仓库里也聚有五年之粮，因为原子战争中所遗留下的原子尘，非有五年长的时间不能消散。所以一旦“俄国人来了”，他们孔府全家和近亲旧友，便全部躲入湖下地宫，大门一关五年，就来他个“不知有汉，无论魏晋”矣。五年之后，再自桃花源中返回人世，原子大战后的地球，就已变成面目全非、另一世界的“晋太元中”了。

这一孔府地宫的故事，在美苏冷战的高潮期，美国数大媒体（包括《纽约时报》），都有详尽的报道。笔者孤陋，记忆所及，亦未见孔府有何驳斥。据小可判断，媒体可能有渲染和夸大，但是这座孔府原子弹避难所，难免也是事实。令杰兄当然更有足够的财力加以建造。君不闻，今年春季，香港曾有个无名氏向美国的韦尔斯利学院（宋氏三姐妹的母校）和奥柏林学院（孔祥熙先生的母校）各捐美金五百万。这两笔巨额捐款，都是两校所空前的。两校当局最初得此消息时，还以为是愚人节式的恶作剧和开玩笑呢！这些钱显然是属于同一财团。他们迟至今日尚有此闲钱，极盛时期可想而知矣。

其实这故事并不是出自“小道消息”或“街谈巷议”。那是当时数家大媒体的专栏报道。我不过是节译转述而已。台北的《中国时报》和《联合报》，当年或许也有过节译，或许不敢。我曾想去问问逝世前的孔令侃先生有关此事的详情，可惜他竟溘然而逝。令侃生前曾向张少帅和王铁汉将军说："德刚是我的老朋友"。"老朋友"，不敢当也，老相识，则有之。因为当年我们在哥大搞口述历史时，孔祥熙先生是我们最早的访问对象，令侃和我们也时有往还。说句公正话，左翼史家甚至连右翼史家在内，都说孔家偌大财产，是取自贪污。其实当年那个大贫小贫的中国，贪不了如此大污也。令仪（孔庸公的长女）说，他们孔家原是山西票号。山西票号的确是当年大清帝国、王公贵族的大管家，甚至是一种皇商。但是皇商贵如曹寅父子也聚不了多少钱，抄他家的雍正皇帝都觉得奇怪。孔祥熙早年在YMCA（青年会）打工时，简直只是个"打工仔"。在口述自传时，他也没有告诉过我们，他青年期是个富小子。但是他们山西票号出身的孔家男女老幼（包括最近去世的二小姐），都有经济细胞，善于经营，倒是真的。大钱确是他们在美国搞企业赚来的。总之，他们孔家的故事，包括令杰的地下桃花源，都值得再写他十本八本的博士论文，才能探明真相。

至于与孔府和纽约州类似的"地下宫"，我个人也曾见识过，信其可能。记得我追随一些中外学人去金门岛参观，见到金门全岛都被挖空。那座雄伟的地下礼堂"擎天厅"尤其惊人。它在平时可用来开会、讲演、唱戏、放电影。一旦战事发生，那上千张座位，数分钟之内，便可转变成数百张病床。这个擎天厅立刻就可变成一所庞大的伤兵医院。有此为例，则地下何事不可为？

专打军事目标，不伤黎民百姓

可惊的是，不才这次陪着孙儿去看了一场形同儿戏的机器人大决斗表演，竟使我正式肯定了二次大战后极盛一时的"挖洞文明"的终结。

挖洞的目的是逃避原子弹，但是人类毕竟是万物之灵，原子弹发展至今日，已到不可再用的程度。核武不禁绝，人类必步恐龙的后尘，到全部消灭为止。此理至明，毋待细述。人类的文明社会，今后当不会再有原子战争，没原子战争则挖洞何用？如此则孔令杰兄白白花了数千万美元。

但是人类毕竟还是好战的，是专好自相残杀的下等动物。以后的战争还是要永远不停继续打下去的。可是那必然是一种"专打军事目标，不伤黎民百姓"的高科技战争。这一种新式战争在前几年的美国和伊拉克之间的"海湾战争"中，已见其端倪。美伊之战中的伊拉克军，几乎全军覆没，但伊拉克的平民，却死伤无几。美军所毁灭的几乎全是军事目标，包括伊拉克的国防部。美制导弹的精确程度，可以在千里之外，射入对方的足球门。如此则所有"深洞""避难所"，已失去了一半的作用。今次美国电脑遥控的机器人已登陆火星，余暗中为之震撼也。盖美国太空科研，无一不与战争有关也。

今日和儿孙一道去看机器人打擂台，更觉所见不虚。儿童们的电脑玩具，且精进若此，则五角大厦之内的玩意儿是何种样子，不难试测也。设有类似海湾战争再次发生，余深恐美军会动用机器人，驾驶隐形飞机，携带大批"机器伞兵"，直飞敌后，对敌方主要军事目标，按图索骥，无孔不入加以自杀性的爆破，则何坚不摧？洞有何用？如此，则闹市之上，马照跑，舞照跳，繁荣未减，而郊区要塞，一切军事设施，早已灰飞烟灭矣。朋友，你说这是科幻小说吗？我看五角大厦之内的"机器伞兵师"，正在迅速成军也。

胖子减肥，瘦子失血

按理美国军备正如此突飞猛进，位居第二超强的中国就应急起直追，迎头赶上，庶几在紧急情况之下，兵来将挡，以牙还牙，以机器人对机器人，如擂台上的儿戏一般。其实此事做不得也。不服输地做了，那就变成两强之间的军备竞赛了。美国搞高科技军备，一日千里，那是正常的，健康的。因为它是个有三万元以上"人均"收入的大胖子，花点钱搞高科技军备，正是增加消费，减少失业，胖子减肥，岂非理所当然。

中国就不一样了，中国是个"人均"不足六百的大瘦子，搞价格奇昂的高科技竞赛，那就等于在瘦子身上吸血吮髓，如何受得了。苏联老大哥，就是在冷战中搞军备竞赛，弄得消渴而亡的（苏联的军事工业，占其重工业的百分之九十，一个社会如何负担得起）。中国与美国搞科技竞走，只可跟进，不可超车。跟进是利用人家科研成果，省钱省力（科学情报的保密只是短期的）。超车就是穷人替富人当义工了，死要脸活受罪，充壳子，无此必要也。

以下驷对上驷

拙荆校读拙作至此，颇感不平曰："这样说，中国就永远听命于美国了！"余曰，非也。搞国际关系、族际关系，武力对决，只是多重关系中之一小部分。搞得好，四两拨千斤，弱国未必无外交也！外交搞得好，两国不交兵，则军备优势又有屁用？曰，你不打，人家逼你打，奈何？曰，君不闻惧内之大丈夫乎？躲在床底下，还要说："大丈夫，男子汉，说不出来，就不出来。"事实上就是我怕你，也打不过，但是我不失主动也。

这是阿Q的废话，有何主动可言？曰，真要对决，弱国亦有对决之道。我侪读古书的书酸子，也有一些老套路。君不闻孙子赛马乎？以咱的下驷（劣等马），对他的上驷（高级马），咱的上驷对他的中驷，咱的中驷，对他的下驷。我马不如他，却可赢他个两胜一负之局。运用之妙，存乎一心。两国相争，兵骄者败，老美今日可说骄狂不堪罢，强兵哪有必胜之理？但是站在下风的一方，要避其锋，不可吃眼前亏。老子说，虽至柔能克至刚。水为能下方成海，山不矜高自极天。我们东方的阿Q哲学，往往是争取最后胜利的最大武器。我们的抗战就是个活例子。

读《封神榜》，别忘《三国演义》

长话短说，总之，二十一世纪中，牵涉到美国的战争，必将是高科技的"封神榜"式的战争。"人"是没用的，要同老美打，就得靠天兵天将。搞不来或搞不起天兵天将那就拉倒。可是吾人读《封神榜》,可别忘了那更有权威性的《三国演义》。孔明也会呼风唤雨、摆八阵图、指挥木牛流马。但是孔明毕竟是个政治家,他知道专靠机器人是出不了祁山的,恢复不了中原的,所以要按兵不动,苦撑待变。司马懿引蛇不出洞,乃"贻以巾帼",笑他是个没用的女人。诸葛丞相,哂而纳之,不为所动。但是百密必有一疏,在这次交往中,司马懿却发掘了最大的情报,他知道诸葛亮"食少事烦,岂能久乎?"时间是最厉害的武器,等到孔明"食少事烦",累死再说。果然孔明只活了五十五岁就累死了。接着魏将邓艾就"明修栈道,暗度陈仓"了。丞相不死,你敢?

所以,朋友,司马懿怕诸葛亮怕了一辈子。孔明死了,死诸葛还吓走了生仲达(编者按:司马懿字仲达)呢。但是司马懿不一定要发明铁牛流马,来对付孔明的木牛流马嘛。时间和时机自会解决历史问题的,你急什么呢?

科技不离人情以

前读宋人笔记,记得有个故事:那位精通阴阳五行的邵雍康节先生一次与一高徒夜坐谈道,忽闻邻人敲门声,说要借用器具。邵子问徒弟说,你用五行算一算,邻人欲借何物?门徒掐指一算说,"金短木长",邻人要借的是"锄头"。老师笑笑说,非也,他来借"斧头"。果然老师对了,借的是斧头。学生大惑请益。邵子曰,搞阴阳也离不了人情。半夜三更,邻人借锄头作何用?斧头之为用则大矣哉。如此而已。

我更记得抗战期间,我在重庆毕业失业,间关千里跑回故乡游击区省亲。先父问我太平洋美日海战情势如何？我说吉凶未卜。日本人如打赢了，恐怕汪精卫就要做皇帝了。老人说，日本绝对打不赢。我问，怎说呢？老人说，日本人如果打赢了，那么"这个世界还有天理吗？"我这位老爸是老科举制的受害人，落后农村里的之乎者也老绅粮。他一无足够的国际知识（那时农村连报纸都没有，一部老收音机也没电池），二无科技训练，更不知阴阳五行。他说这话，完全是农村中一个老农民，直接发自个人感受之言，全无深文大义。但这句话对我却是当头棒喝，至今不能忘。朋友，你能说这种落后农村中的老丈之言没有至理吗？二次大战时，如果德日轴心国家首先掌握了原子弹，他们这两个绝灭人性的家伙，就要统治地球吗？首先纳粹德国就要把全世界犹太人杀光？（他们已杀了六百万！）让那些绝灭人性的日本军国主义者在亚洲继续搞大屠杀，搞七三一活解剖？宗教家说，斯为上帝所不容，佛祖所不容，真神（阿拉）所不容。我们儒教老传统，则说"天理难容"！上帝也好、天理也好，都是从人性出发的。德日这两个大强盗，搞到人性绝灭、天理不容的程度，那还能掌握原子弹吗？何以不能？那就是他们如首先发明了原子弹，"这个世界还有天理吗"？

为政以德和轮流坐庄

我们搞历史的，如今可以大胆地说，二次大战时，幸好有老美首先发明了原子弹。二次大战后的联合国，幸好也由老美作中坚，才维持我们这个人类文明于不坠。美国不是个至善之邦，他的个人主义的过分膨胀，色情的泛滥，政客之无耻……全国的文化与社会，也百孔千疮，不可终日。美国今日是所谓"西方"和"白种人的文明"的巅峰，它所遭遇的困难，也象征着整个白色文明的总滑坡。理应有个新的文明来接班甚或替代。但是直至今日，这个文明还没有出现。语云，不怕不识货，就怕货比货。有意"埋葬"美国文明的苏联（赫鲁晓夫的豪语），已一去不返。剩下的就只有我们中国了。恕我说句最鄙陋的农村土语："让我们撒泡尿在地上，照照自己，我们配不配？"我们今日自己在海峡两岸都统一不了，还配管联合国的事？

两岸何以统一不了？子曰："为政以德，譬如北辰，居其所而众星拱之。"国民党当年带甲百万，却统一不了只有两部吉普车的延安，何也？大话小说，为政不以德也。国人皆曰可杀者，不是你想杀之人，而是你自己，你何能统一呢？何以如此？这就是笔者所想说的中国近代政治社会大转型的阶段问题了。时间未到，转型未达最后阶段也。香港回归所引发的"新阶段"，我们能不加倍珍惜？我们若真能解决我们自己的问题，以泱泱大国在新世纪出现，则"后西方时代"应该是我们的。到那时，为政以德，与老美轮流坐庄。区区的几个机器伞兵师，何足道哉？何足道哉？

一九九七年八月二十四日于旧金山市

图书在版编目（CIP）数据

历史的"三峡" /（美）唐德刚著. --北

京：中国文史出版社，2020.8

ISBN 978-7-5205-2121-5

Ⅰ.①历… Ⅱ.①唐… Ⅲ.①中国历史—近

代史—文集 Ⅳ.①K250.7-53

中国版本图书馆CIP数据核字（2020）第199697号

责任编辑：秦千里

出　　版：中国文史出版社

社　　址：北京市海淀区西八里庄路 69 号院　邮编：100142

电　　话：010-81136606　81136602　81136603（发行部）

传　　真：010-81136655

印　　装：嘉业印刷（天津）有限公司

经　　销：全国新华书店

开　　本：889 毫米 ×1194 毫米　　1/16

印　　张：16

字　　数：192 千字

版　　次：2020 年 12 月北京第 1 版

印　　次：2020 年 12 月第 1 次印刷

定　　价：60.00 元